An der Quelle des Lebens

Eugen Drewermann

An der Quelle des Leben

oder:
Von Begegnung und Gespräch

Ausgewählt und herausgegeben
von Heribert Körlings

Patmos Verlag

VERLAGSGRUPPE PATMOS

PATMOS
ESCHBACH
GRÜNEWALD
THORBECKE
SCHWABEN
VER SACRUM

Die Verlagsgruppe

MIX
Papier aus verantwortungsvollen Quellen
FSC® C014496
FSC www.fsc.org

Klimaneutral
Druckprodukt
ClimatePartner.com/14549-2003-1001

Für die Verlagsgruppe Patmos ist Nachhaltigkeit ein wichtiger Maßstab ihres Handelns. Wir achten daher auf den Einsatz umweltschonender Ressourcen und Materialien.

www.patmos.de

Umschlaggestaltung: Finken & Bumiller, Stuttgart
Satz: Schwabenverlag AG, Ostfildern
Druck: GGP Media GmbH, Pößneck
Hergestellt in Deutschland
ISBN 978-3-8436-1247-0 (print)
ISBN 978-3-8436-1248-7 (e-Book)

Inhalt

Am Ende eines „schönen Gesprächs“,
wenn ein Mensch dahin kommt,
sich selber zu finden,
gelangt er zu einem Vertrauen,
das niemand zerstören kann,
schon weil es niemand zu erzeugen vermag.

EUGEN DREWERMANN

Vorwort

Mit seinem vielseitigen Werk möchte Eugen Drewermann dem einzelnen Menschen Lebenshilfe geben. Jeder und jede Einzelne kann und soll den eigenen Lebensweg gehen, ohne Schwierigkeiten und Sackgassen zu verleugnen. Drewermann weist auf die vielfältigen positiven Möglichkeiten des Einzelnen hin, sein Leben sinnvoll zu gestalten.

Die Kapitelüberschriften bestehen aus einer Frage und der damit verbundenen Perspektive. Als Wegweiser machen sie jeweils auf den Aspekt aufmerksam, unter dem ich die folgenden Texte ausgewählt habe.

Die Reihenfolge der Kapitel ist bewusst gewählt, die Leserinnen und Leser können aber ihre Lektüre an jeder beliebigen Stelle beginnen, die sie interessiert.

Der Aufbau des Buches:

Was macht mich lebendig? Gespräch und Begegnung dienen der Orientierung und schließen neue Möglichkeiten auf (1. Kapitel).

Wie bin ich in die Natur eingebunden? Inmitten der anderen Lebewesen besteht kein Grund zu selbstbezogener Überheblichkeit.

In der Liebe, der Beziehung zwischen Ich und Du, erfährt das Individuum sich selbst und den anderen als Person. Diese ist kein bloßes Exemplar. Die Person geht im Natur- und Gattungszusammenhang nicht auf (2. Kapitel).

Doch erlebt der oder die Einzelne auch Situationen, in denen er allein ist und allein sein muss. Verweilt er darin geduldig bei sich selbst, kann er sich neu kennenlernen und besser verstehen (3. Kapitel).

Den eigenen Möglichkeiten und Grenzen nicht auszuweichen, ist die Voraussetzung dafür, auch den Hintergrund für das negative Verhalten des anderen verständnisvoll einzubeziehen und zu erkennen: Keiner ist freiwillig böse (4. Kapitel).

In mehrfacher Hinsicht ist der Mitmensch die notwendige Ergänzung in meinem Leben. Dieses beinhaltet nämlich auch erfüllte Augenblicke und Situationen. In ihnen will und erlebe ich, vom anderen Menschen geschätzt und geliebt zu sein. Dieser Wunsch impliziert die Sehnsucht, vollkommen angenommen zu sein. Das aber überfordert den endlichen Mitmenschen. So verweist mein existentieller Durst auf Gott, das „ewige Du“, die Liebe, die den Durst stillt und meine Sehnsucht erfüllt, unbedingt geliebt zu sein. Das macht mir Mut und Zuversicht (5. Kapitel).

Grund der Lebenszuversicht ist für den christlichen Theologen Drewermann die Beziehung zu Jesus. Jesus von Nazareth bildet mit seinem Leben aus Vertrauen die Brücke zu Gott und zu den Mitmenschen. Jesus verkündigt und vergegenwärtigt Gott als den lieben Vater jedes einzelnen Menschen, erschließt so Möglichkeiten eines neuen, gelösten Lebens (6. Kapitel).

In seinem Vertrauen zu Gott, seinem Vater und seiner Mitmenschen Vater, begründet Jesus ein Beziehungsklima. Darin kann jeder einzelne Mensch, umfangen von der Liebe, selbst Vertrauen wagen (7. Kapitel).

In der gegenseitigen Liebe erlebt die einzelne Person sich selbst und den anderen als unverzichtbar. Daher ist die Liebesbeziehung auch ein Indiz für die Unsterblichkeit des geliebten anderen. Denn dieser soll im Tod nicht untergehen. Das erhoffte todüberwindende Leben beginnt aber schon vor dem Tod (8. Kapitel).

Diese Hoffnung vor und nach dem Tod bleibt nicht nur privat oder zwischenmenschlich. Sie motiviert dazu, sich für ein humanes Leben in der Gesellschaft zu engagieren – miteinander unterwegs (9. Kapitel).

In herzlicher Verbundenheit gratuliere ich Ihnen, lieber Herr Dr. Drewermann, zu Ihrem 80. Geburtstag.

Heribert Körlings

Lebendig?

oder:

Begegnung und Gespräch

WIR HABEN DIE CHANCE, einander zu begegnen ohne die Grenzen und Schranken des Reichtums, der Sicherheit, der Abhärtung gegeneinander und der Anpassung. Wir haben die Chance, einander das Glück der Liebe, der Freundschaft, des Verständnisses, der Güte, des Wagemuts zu schenken – lauter Dinge, die man nicht im Laden kaufen kann. Wir haben die Chance, einander zu begleiten mit Mitgefühl, Mitleid, Sensibilität, Poesie, Kreativität, Phantasie und dem Reichtum des Herzens.

Zwischen Staub und Sternen 227

KEIN MENSCH KOMMT AUF DIE WELT ohne die Frage, ohne das fast unstillbare Bedürfnis, in der Liebe eines anderen zu hören und zu wissen, dass es mit seinem Dasein etwas Erwünschtes, geradezu Notwendiges ist. Nur dann wird er sich selbst wagen und mutig in sein Leben treten.

Der offene Himmel 110

EIN MENSCH VERMAG sich zu seiner eigenen Person nur zu formen im Gegenüber zu einer anderen Person, die ihn vorbehaltlos akzeptiert und meint …; ein Mensch kann einen anderen nur akzeptieren in dem Maße, wie er selbst mit sich eins geworden ist.

Glauben in Freiheit II 278

ZUR SELBSTERKENNTNIS GELANGT JEMAND nur, der sich anerkannt und gemocht fühlt; wer Angst hat, ist zu verwirrt, sich richtig zu sehen; wahrhaftig sich selbst gegenüber wird jemand nur durch Vertrauen; und Selbstfindung ist möglich allein in dem Empfinden, geliebt zu werden.

Liebe, Leid und Tod 702

JE WEITER DIE LIEBE zu wachsen vermag, desto mehr an Wahrheit und Schönheit im Wesen des anderen wird sie entdecken und freizusetzen vermögen.

Liebe, Leid und Tod 61

DAS EINZIGE, WAS WIR TUN SOLLTEN, ist, den andern zu begleiten, dahin, wohin er selbst gehen möchte, um nach Hause zu kommen. In den Stunden, wo es dunkel wird und wo er Angst hat, keinen Weg mehr sieht und sich sehr allein fühlt, braucht er uns an seiner Seite. Nicht weil wir es besser wüßten für ihn, aber weil wir gemeinsam mit vier Augen besser sehen als er allein mit angstverwirrten zwei Augen.

Wort des Heils, Wort der Heilung I 165

WENN ZWEI MENSCHEN EINANDER BEGEGNEN und sie erleben sich ganz stark als Person, ist die Energie, die zwischen ihnen strömt, Liebe. Die Liebe selber ist nicht Person, aber sie ist dasjenige, was Menschen zu Personen macht und was sie als Personen miteinander verbindet … Nur im Vis-à-vis der Liebe gestaltet sich ein Mensch als Individuum. Das ist

Geist: eine Kraft, die es vermag, das Schönste, Riskanteste, Ungeheuerlichste auf dieser Welt hervorzubringen, das wir kennen: einen freien, individuellen Menschen in seiner Schönheit, Größe, Ausgesetztheit und Behütetheit.

Daß alle eins seien 108

ICH BETONE GERADE auf dem Hintergrund der Freud'schen Psychoanalyse, wie notwendig es ist, Menschen zu begegnen, die uns erlauben, die eigene Person zu entfalten, und daß ein solches Miteinander des personalen Austauschs nur möglich ist durch eine gemeinsame Geborgenheit in einer absoluten Person.

Wort des Heils, Wort der Heilung I 159 f.

WENN WIR EINEN MENSCHEN so anreden, daß wir die Tiefe seines Wesens berühren, wenn wir sein Du so aussprechen, daß es seinen Namen möglichst vollständig verdichtet und bezeichnet, so öffnet sich seine Person und wird für uns zu einem Weg, der ins Unendliche hinüberführt.

Das Markusevangelium II 476 f.

MENSCHEN VERMÖGEN FÜR IHR LEBEN selber verantwortlich zu zeichnen, und sie sind imstande, die Hypothek des Elternhauses noch einmal zu durchdenken, sogar eines Tages zu verlassen, und es ist oft nur eine Frage des Zeitpunkts: wann wir Menschen begegnen, die imstande sind, uns dort herauszuführen ... Wenn wir nur beginnen, wirklich zu leben, werden wir andere Menschen finden, genauso sehnsüchtig wartend nach der gleichen Weite und Größe ihres Lebens, und sie werden uns sehr nahe sein.

Zwischen Staub und Sternen 26

WAS DICH – UND ALLE WELT – IM DASEIN BEGRÜNDET, ist der Umstand, daß mit dir gesprochen wird, daß du ein Angeredeter bist, daß Gott mit deinem Namen dich ins Dasein gerufen hat. Gott ist in diesem ursprünglichen Verständnis diejenige Stimme, die du hören mußt, um zu wissen, wer du selber bist, und die dich davor bewahrt, nur eine Woge im Meer der Natur oder nur ein Rädchen im Getriebe der Gesellschaft (gewesen) zu sein. Was dich zur Person macht jenseits der Natur, jenseits der Gesellschaft, ist Gott, der dich ganz umgreift mitsamt deinen Fehlern und Schwächen.

Von Krieg zu Frieden = Kapital und Christentum III 355

EIN KIND WIRD zu einem seiner selbst bewußten Ich und schließlich zu einer „Person“ in eigentlichem Sinne, indem es zu sprechen lernt – diese Aussage behält ihre Richtigkeit; doch ein Kind lernt nur zu sprechen, wenn eine andere Person mit ihm spricht – und diese Aussage ist (als notwendige und hinreichende Bedingung von allem, was die Personwerdung angeht) jetzt noch weit wichtiger. Eine Person formt sich nur in Gegenwart des Wohlwollens und der Zugewandtheit einer anderen Person ... Eine solche Beziehung *darf nicht* in irgendwelche „Interessen“ eingebunden sein, sie muß vielmehr fernab jeder äußeren Zwecksetzung die Person des anderen selber zum Ziel haben. Sprechen kann man und muß man in diesem Zusammenhang deshalb unbedingt von *Gnade*; und zwar in vollem Bewußtsein, daß dieses Wort auf das engste mit der Vorstellung eines persönlichen Gottes verknüpft ist. Denn zu tun ist es im Umfeld der Personwerdung um nicht mehr und nicht weniger als um eine Dimension der Existenz, in welcher dieser selber eine unbedingte Geltung zukommt. Jene bedingungslose Zuwendung, die eine Mutter ihrem Kinde schenkt, um es zu einem eigenen und eigenständigen Wesen sich entwickeln zu lassen, jene offene Haltung eines gewährenlassenden Wohlwollens, das die Voraussetzung einer jeden gelingenden psychotherapeutischen Sitzung darstellt, erschafft allererst den Raum, in welchem eine Person zu sich selbst heranzureifen vermag. Verstehen wir „Gnade" als eine bedingungsfreie, unverzweckte Bejahung und Bestätigung des Selbstseins eines anderen, so bildet sie die unerläßliche Voraussetzung dafür, daß so etwas wie eine Person überhaupt entstehen kann. Nicht in dem Sinne also stellt „Person" ein Symbol dar, als sie innerhalb einer kulturellen Sprachgemeinschaft ein Ensemble möglicher sozialer Bedeutungen vertritt, sondern insofern, als sie auf den Raum einer unbedingten Güte verweist, innerhalb deren sie selbst sich vollzieht.

Atem des Lebens II 617; 619 f.

EIN ICH IST EIN SELBST, das sprechen und seine eigene Geschichte erzählen kann … Ein Mensch reift nur allmählich zu sich selbst, langsam nur wird er, was er ist, und doch ist er nicht erst am Ende, was er suchend immer schon war: eine Person. Woher also kommt dieser Drang, durch die Maske [= lat. *persona*] hindurch ein *eigenes* Wort auszusagen, in der verordneten Rolle ein *eigenes* Stück aufzuführen, ja, es als eine innere Überzeugung geltend zu machen, eine Person zu sein mit einem Recht auf ein *eigenes* Leben?

„Das kommt daher, daß Gott dich selbst bei deinem Namen gerufen hat", lautet die christliche „Erklärung" (mit Bezug auf das Prophetenwort in Jes 43,1: „Bei deinem Namen rief ich dich. Mein bist du.") … – Das Merkwürdige ist, daß unsere bisherigen neurologischen Bemühungen an dieser Stelle auf etwas prinzipiell Unerklärbares stoßen, das, *weil* unerklärbar, zugleich die wirkliche Ebene angibt, auf welcher das Problem zur Lösung ansteht. Die Neurologie, so viel ist eigentlich von vornherein klar, kann die Frage, wie wir dahin kommen, uns für „Personen" (in angegebenem Sinne: für eigenständige, selbstbewußte, sprachfähige Subjekte) zu halten, mit ihren Methoden definitiv *nicht* beantworten … Wenn Person ein sprachfähiges Subjekt ist, versteht es sich, daß das, was wir eine Person nennen, selber eine Hervorbringung der menschlichen Gemeinschaft, ein soziales beziehungsweise ein kulturelles Konstrukt, darstellt.

Von daher ergibt sich zugleich, warum es rein neurologisch unmöglich ist, die Person zu „erklären": – Ihre Wirklichkeit ist nicht in einem individuellen Gehirn begründet, sondern in den sozialen, interpersonalen Vorgängen, die zwischen menschlichen „Gehirnen" (zwischen Menschen im Austausch von Gefühlen, Gesten, Worten, Gedanken, Absichten) stattfinden … So entsteht der Eindruck der eigenen Personalität durch den Prozeß eines interpersonalen Austauschs. Allerdings ergibt sich dieses „Selbstkonzept" mit den frühesten Entwicklungsschritten der menschlichen Psyche, mithin in einem Zeitraum, zu dem später kein episodisches (autobiographisches) Gedächtnis mehr zurückreichen wird. Daran liegt es, daß das Personsein subjektiv wie etwas Naturgegebenes erlebt und von der (christlichen) Religion als etwas Gottgegebenes interpretiert werden kann.

Atem des Lebens II 546.; 559; 561 f.

DAS ANGEREDETWERDEN ALS PERSON durch andere Personen „erschafft" nicht die Person eines Menschen, bildet aber die unerläßliche Voraussetzung möglicher Personwerdung. Was kein Stern, was kein Mond, was keine Sonne einem Menschen zu sagen vermag, kann einzig ein Mensch einem anderen Menschen vermitteln und schenken: sein Sein als Person …

Doch nun muß man sehen, daß jede menschliche Anrede, so wesentlich und unverzichtbar sie ist, stets nur begrenzt und bruchstückhaft jene tragende Sicherheit zu schenken imstande ist, deren das menschliche Subjekt in seiner radikalen Ungesichertheit in dieser Welt bedarf. Alles, was Menschen diesbezüglich füreinander tun können, ist nicht mehr und nicht weniger, als einen Hinweis auf ein Absolutes an Bejahung und „Anrede“ zu geben, das, selbst subjekthaft, aller Subjektwerdung zum Grunde liegt. Dieses absolute Subjekt, dessen ein Mensch im Verlaufe seiner eigenen Subjektwerdung inne wird, „erklärt“ als erstes nicht das physische Dasein eines Menschen, es entdeckt sich vielmehr als unbedingte Grundlage des Personseins: Da ist etwas, das immer schon als Subjekt einer „Anrede“ vorausgesetzt wird, damit wir selbst Subjekte werden können. Dieses absolute Subjekt ist das, was in der Religion *Gott* genannt wird … Wenn ein Mensch nur leben kann, indem er spürt, *wozu* er leben soll, so traut er diesem Grund seines Existierens auch zu, der Ursprung seiner Existenz zu sein … Jedes *menschliche* Wort, das den anderen oder uns selbst als Person erreicht, ist Teil und Äußerung jenes *absoluten* „Urwortes“.

Im Anfang 1129; 1131 f.;1133

ES GIBT NUR EINEN WEG, richtig zu leben, und der ist, *heute* damit zu beginnen. Glücklich sein können wir heute; unsere Gespräche so gestalten, daß sie in die Tiefe führen, können wir heute. Es besteht überhaupt keine Notwendigkeit, über neunzig Prozent aller Gedanken, fast hundert Prozent aller Gespräche nur darum sich drehen zu lassen, was das Mittagessen kostet, was die Kleidung kostet, was die Schuhe kosten, was die Wohnung kostet, was der Urlaub kostet, die Krankheit kosten wird, und am Ende eine Summe zu unterzeichnen, die bedeutet, daß wir nie gelebt haben.

Zwischen Staub und Sternen 129

ÜBEN ABER LIESSE SICH und nötig wäre es, im Herzen eines jeden eine *Sprechkultur* aufzubauen und zu pflegen, die es ihm ermöglicht, von den peinlichen, schmerzlichen, oft schon vergessenen Dunkelseiten des eigenen Herzens und der eigenen Vergangenheit, wenn auch zunächst nur stotternd, zögernd, würgend, mit zugeschnürter Kehle oft, weinend zuerst, schreiend und fluchend, wie auch immer, doch schließlich womöglich dankbar, leiser, ruhiger und eines Tages hoffentlich sogar einmal lachend zu sprechen.

Ich steige hinab in die Barke 203

WENN ES HEISST, daß alles Geschaffene durch das Wort Gottes selbst existiert, dann wird darin die Überzeugung von der grundsätzlichen Liebesfähigkeit und Liebenswürdigkeit aller Dinge ausgedrückt. Ganz besonders sagt es uns, daß wir mit unserem Leben im Grunde einer uns zwar noch nicht wirklich bekannten, aber doch bereits vollendeten Dichtung beiwohnen, wir selber teilhaben an einem tiefen Prozeß des liebenden Erkennens und Benennens.

Was uns Zukunft gibt 13 f.

NIMMT MAN DIE TEXTE ... [der Bibel] symbolisch, hat man in ihnen Wegweisungen zur Menschwerdung. Dann geht es nicht mehr um Israel vor dem Sinai; es geht nicht darum, ein bestimmtes Volk wie die Ägypter zu bekämpfen oder beim Durchzug durch das Rote Meer hinter sich zu lassen, so dass sie als Leichen im Meer treiben. Man hat einen Werdegang im Prozess der Vermenschlichung.

Die zehn Gebote 32f.

GOTT, WENN ES IHN GIBT, ist nichts als befreiende Güte, die aufscheint in jeder Gebärde der Liebe und des Verstehens unter den Kreaturen …

Glauben in Freiheit 19

SIE BRAUCHEN NUR EIN EINZIGES LEBEWESEN, irgendein Stück der Welt wirklich zu lieben, und Sie werden Gott finden im Urgrund und im Hintergrund von allem. Wie immer wir Gott sonst nennen, die Weisheit, die Macht, all das ist nichts, weil diskutierbar, formulierbar. Einzig wenn wir sagen, er ist die Liebe, sprechen wir ihn ganz aus, weil wir dieses Wort gar nie anders aussprechen können, ohne uns selber vollkommen mitzuteilen.

Ich lasse Dich nicht, du segnest mich denn 16 f.

ALL DIE ERFAHRUNGEN dessen, was in der Sprache der akademischen Theologie einmal als „Gnade“ bezeichnet wurde, laufen letztlich darauf hinaus, daß kein Mensch dem anderen vorschreiben kann, was er zu sein oder zu tun hat; *er läßt den Anderen gelten* – das ist alles! Er „macht“ nicht den anderen – er macht überhaupt nichts, weder für ihn noch mit ihm, er *ist* einfach für ihn da, wenn der Andere ihn braucht. Diese *absichtslose* Gegenwart des eigenen Daseins in der Anwesenheit eines Anderen erzeugt in ihrer voraussetzungslosen Zugewandtheit gerade die „Resonanzschwingung“, die nötig ist, um die Personwerdung des Anderen im Gegenüber der eigenen Person zu katalysieren … Gott in diesem Sinne ist das absolute Gegenüber einer reinen Begegnung, das Du oder besser das Ich-Du, das jede Begegnung umgreift und in jeder Begegnung begegnet.

Glauben in Freiheit I 376 f.

[ES IST MÖGLICH] Gott anzureden als unseren „Vater“ und unsere „Mutter“, denn nur im Raum derartiger Worte „vermittelt“ sich fühlbar und ganz, was den Kern aller wirklich religiösen Erfahrung ausmacht: noch einmal von vorn, aus der Wahrheit des eigenen Wesens jetzt, *leben zu dürfen* unter der Anrede derjenigen Macht, die von Ewigkeit her, wie wir glauben, gemocht und gewollt hat, dass es uns gibt, und die uns gerufen hat bei unserem Namen.

Glauben in Freiheit 377

DER CHRISTLICHE GLAUBE … muss *als* eine *Synthese* von *personaler Erfahrung und deutenden Bildern*, aus individuellem Erleben und kollektiven Chiffren verstanden werden.

Glauben in Freiheit 208

RELIGIÖS GILT, dass nur der eine bestimmte Wahrheit finden wird, der sie von ganzem Herzen benötigt. Das subjektive Moment stellt religiös eine unerlässliche Erkenntnisbedingung dar; wer sie als „nur subjektiv" oder „rein projektiv" verwirft, behält nichts weiter übrig als einen Haufen toter Götzen, nichts von dem, was einem persönlichen Gott gleicht ... Dass jedoch „Projektion" nur die Umschreibung für eine standpunktbedingte Verfälschung der Wirklichkeit sei, ist nicht wahr. „Projektion" – das ist vielmehr so etwas wie der Schein einer Taschenlampe in einem an sich unbeleuchteten Keller: nur wo der Lichtstrahl der Lampe hinfällt, wird etwas sichtbar.

Glauben in Freiheit 49 f.

DER „RUF" GOTTES ergeht mithin keinesfalls nur „punktuell", sondern er ertönt, ähnlich der Entwicklungslehre der Hindus, quer durch die gesamte Evolution. Ja, mehr noch: Statt rein *religionspsychologisch* zu sagen: die „Offenbarung" Gottes bestehe in der personalen Erfahrung, als Mensch in einer Tiefe angenommen zu sein, die eine Integration einer Vielzahl unbewusster Bilder erlaube, können wir jetzt auch theologisch sagen: Offenbarung ist die personale *Vollendung* dessen, was durch die „Schöpfung" in der Natur des Menschen *angelegt* ist.

Glauben in Freiheit 260 f.

DIE RELIGION DIENT DER „HUMANISATION“ ... und der „Personalisation“ des Menschen ..., [ein] *integrativer Prozess* auf dem Hintergrund einer alle Angst umspannenden Geborgenheit im Gegenüber eines absoluten Du, das in der Zuwendung einer anderen menschlichen Person erscheint, sich vollzieht und ermöglicht ... Es erscheint nunmehr die „Offenbarung“ Gottes als *identisch* mit dem Akt der Personwerdung, der durch die Begegnung zwischen Ich und Du zustande kommt ... Religion ist ... zu verstehen als eine Form der Mitteilung der absoluten Person Gottes, die sich ausspricht in der Personwerdung jedes einzelnen Menschen. Mit anderen Worten: wir werden von Gott, wer immer er sei, wenn das Gesagte gilt, gerade so viel verstehen und zu Gesicht bekommen, als wir *im Feld unserer eigenen Personwerdung in der Begegnung mit anderen Menschen* zu leben vermögen. Die gesamte „inhaltliche“ Seite der jeweiligen Religionsform ist mithin zu lesen als der symbolische Urgrund, der in die Personwerdung einbezogen werden muss, weil ohne ihn eine Überwindung der Angst in den Tiefenschichten der menschlichen Psyche nicht möglich ist. Also doch „Entgeschichtlichung“? Also doch „gnostischer Synkretismus“? Also doch „Aufhebung der Einmaligkeit Jesu Christi“? Keineswegs. Sondern im Gegenteil! – ... wir ahnen zum ersten Mal, was es mit einer Person auf sich hat, die uns die eigene Person so nahe bringt, dass, wer sie anredet mit „Du“, gar nicht anders kann als dahinter *das ewige Du* Gottes selbst anzusprechen, dem sie selbst sich verdankt.

Glauben in Freiheit 379 f.

WENN WIR NICHT WAGEN, unsere Gefühle in der Sprache mitzuteilen, wenn wir unsere Erlebniswelt immer weiter komprimieren auf die Welt der Dinge und ihrer Verwaltung, so werden wir erleben, daß uns die Seele entweicht … Aber irgendwo muß sie hin, unsere Seele, und je weniger wir menschlich miteinander reden, desto sicherer werden die Dinge anfangen, mit uns zu reden und sich mitzuteilen. Das ist es, was man schließlich als Wahnsinn oder als Psychose bezeichnet: daß alle Dinge reden, weil man selber nie zu reden wagen durfte und es nie ein Gegenüber gab, dem man sich mit Hilfe der Sprache hätte verständlich machen können.

Was uns Zukunft gibt 27

WAS UNS DEN MUT GIBT, einen anderen Menschen aufzufordern, *sich* auszusprechen, er möge wagen, seine Person mitzuteilen, ist diese Weltsicht der Religion … Es ist dieser feste Glaube von uns Christen, daß Gott uns einzig deshalb geschaffen hat, damit wir das Wort, das in uns lebt, der Welt mitteilen. Sonst wäre unser Leben sinnlos. Wir sind nicht gemacht, gehorsame Sklaven fremder Befehle und Anweisungen zu sein. Wir haben den Beruf, zu existieren nach der Art von Künstlern, die auf ihre Weise die Welt so sehen, daß sie unvertauschbar eine Wahrheit verkündet und offenbart und allen anderen zeigt. Es gibt etwas, das *dürfen* wir uns nicht aus dem Mund stehlen lassen.

Und legte ihnen die Hände auf 123

WIR SPRECHEN VON GOTT ... nur noch wie von weitem, aus den Jahrtausenden der Tradition. Es hat nichts mehr an sich von dem, was Jesus ausmachte: Er trat mit seiner eigenen Person vor die Menschen hin, und alles von Gott ereignete sich in dem Moment seiner Begegnung.

Das Matthäusevangelium I 364

DIE MENSCHEN VERLANGEN DANACH, wirklichen Personen zu begegnen. Doch eben deshalb sind sie überdrüssig dieser gottseligen Scharlatanerie hochwürdiger Amtsträger, die immer noch glauben, sie stünden näher dem Himmel … Man glaubt ihnen nichts mehr, schon weil sie ihre Glaubwürdigkeit zu einer Frage des Kostümzwangs erniedrigt.

Glauben in Freiheit I 9

NIEMAND HAT SICH SELBST GESCHAFFEN! Es mag im Umgang miteinander peinlich sein, daran erinnert zu werden, wie angewiesen in vielen Fällen man auf andere Menschen gewesen ist und noch immer bleibt, von der Mutter beginnend bis zu all den Nachfolgegestalten, die im Leben an ihre Stelle traten (oder zu treten drohen); im Wesentlichen aber kann man und darf man über diese Tatsache sich nicht hinwegtäuschen: Ein Mensch ist nicht Gott, – er ist nicht absolut, nicht autonom, auch nicht autark, auch nicht perfekt, auch nicht zeitlos in unveränderter Befähigung zu Tüchtigkeit und Spitzenleistung, und wenn er es trotzdem zu sein versucht, steht ihm unvermeidlich eine Einschnürung in Einsamkeit, Verbitterung, Kälte und Starrheit bevor.

Grenzgänger 350 f.

EINE LIEBE ZWISCHEN ZWEI MENSCHEN ist nur wahr, wenn der eine den anderen nicht in ein Mittel zum Zweck, in ein Produktionswerkzeug seiner (biologischen, wirtschaftlichen oder künstlerischen) „Potenz" verwandelt; das *Leben* eines Menschen im Umgang mit sich selbst wird nur wahr, wenn es *kindlich* genug bleibt, um in sich selbst stimmig zu sein – nicht „Erfolg", sondern Identität ist hier wesentlich; und genauso beim *Umgang mit den Dingen:* es kommt nicht darauf an, sie planvoll in Mittel zum Erwerb von Macht und Reichtum zu verwandeln, es gilt, ihnen *absichtslos* gegenüberzutreten, wenn man sie in ihrer Wahrheit und Schönheit erkennen will.

Das Matthäusevangelium II 470

DIESER RUF „KOMM HERAUS!" gilt uns heute, gleich wo wir stehen. Ob zwanzig-, vierzig-, sechzigjährig – es ist niemals zu früh und niemals zu spät, zu fühlen, zu sehen und zu hören, daß es nicht zwei Welten gibt, ein Diesseits und ein Jenseits, zeitlich und wesentlich getrennt. Der Gott Jesu Christi ist gegenwärtig heute im ewigen Präsens. Und dies ist unser ganzes Leben: zu glauben und zu wissen, dass es zwischen Erde und Himmel, zwischen Zeit und Ewigkeit, zwischen Menschlichkeit und Göttlichkeit keine Grenzen gibt, dass nur ein einziges Reich der Liebe und des Lebens ist, zu dem wir berufen sind.

Leben, das dem Tod entwächst 125 f.

WIRKLICHE FREIHEIT erwächst dem Menschen ... durch sein Angerufensein durch die absolute Person ... Einzig im Gegenüber dieser absoluten Person ist der Mensch in seiner individuellen Personalität ein Zweck an sich selbst, besitzt er eine unantastbare Würde, ist mit ihm unveräußerlich etwas gemeint, das für alle Ewigkeit gilt.

Von Krieg zu Frieden = Kapital und Christentum III 362

IN DER LIEBE bildet sich das Gefühl, dass dieser Eine oder diese Eine alles ist, dass er oder sie absolut unersetzlich ist. Vielleicht weiß man vom Verstand her noch, dass das „objektiv", rein biologisch, nicht ganz so ist, aber die Liebe verschafft uns subjektiv genau diesen Eindruck. Wenn zwei Menschen einander gefunden haben, entdecken sie sich als unvergleichlich, als ganz und gar einmalig, als in sich absolut. Die Liebe verleiht dieses Gefühl, einander zu begegnen im Raum einer Absolutsetzung, die unaustauschbar diesem Einen gilt ... Der andere ist nicht zu verzwecken. Er ist von Gott gegeben, indem er so ist, wie er ist. Insofern kommen wir jetzt dahin, dass Liebe und Religion zu einer Einheit werden. Plötzlich entdeckt man den Gedanken einer göttlichen Führung oder Vorsehung im Leben: Kaum dass zwei Menschen einander lieben, erzählen sie sich wechselseitig, dass sie einander schon immer gesucht haben.

Die großen Fragen 35

NUR DARAUS KANN EIN MENSCH LEBEN, dass da ein Punkt ist, zu dem er unbedingt sich zu wenden vermag … Wer diesen Punkt gefunden hat, der muß und wird in all seiner Freiheit und Verantwortung selber sehen, wie er mit dieser Einsicht zurückkommt in diese Welt.

Dass auch der Allerniedrigste mein Bruder sei 162

DAS BISSCHEN, DAS WIRKLICH VON UNS STAMMT und das wir freiwillig geben, genügt objektiv nicht, aber womöglich wollen die Menschen, mit denen wir umgehen, gar nicht unsere Werke und Erzeugnisse und Leistungen, sondern nur ein Stückchen von uns selber. Und das freilich wirkt oft Wunder und genügt, wo wir's kaum für möglich halten. Kann es nicht sein, daß wir am Ende Menschen einen Frieden zu geben vermögen, den wir selber bis dahin nicht hatten, und ihnen durch die Bereitschaft, auf sie zuzugehen, ein Glück zu schenken vermochten, das wir selber bis dahin so noch nicht kannten? Es gibt diese Wunder der leeren Hände: daß wir anderen Menschen zu schenken vermögen, worauf wir selber nie zählen durften und was am Ende zu uns zurückkommt, reich und über die Maßen. Es kommt darauf an, in die Hände Gottes das wenige zu geben, das wir sind.

Und legte ihnen die Hände auf 55 f.

WIE, WENN DIE LIEBE EINER MUTTER die einzige Form wäre, dem Leid und der Not eines Menschen in seinen Verirrungen und Verwirrungen jemals gerecht zu werden? Dann wäre dieses Bild einer geschwisterlichen Madonna das Konterfei der wahren „Grenzgängerin“ aller Zeiten bis ans Ende der Tage, – die gestaltgewordene Einheit und Versöhnung all der sonst so verlorenen Wanderer jenseits der Demarkationslinien des Normalen, Normierten und Normativen, ein Bild der Verheißung über den Abgründen des Tartaros, das zu sehen allein schon den möglichen Absturz gerade der am meisten Gefährdeten gnädig umfängt.

Grenzgänger 380

Einbezogen?

oder:

die Natur und die Liebe

KEINEN ANDEREN GRUND HAT DIE RELIGION, als daß wir glauben möchten an die Liebe statt an die Gleichgültigkeit, und keinen anderen Zweck hat die Religion, als diesen Glauben in einer „jenseitigen“ Welt zu befestigen, damit wir der diesseitigen Welt auf menschliche Weise standzuhalten vermögen. Schon das ist viel. Und es ist buchstäblich notwendig.

... und es geschah so 250

WIR SIND IM KOSMOS ein winziger Schimmelüberzug auf einem stecknadelkopfgroßen Planeten am Rande unserer Milchstraße. Einzig die Liebe vermag einen anderen Menschen in seiner Winzigkeit als unendlich groß, unendlich wichtig, für alle Ewigkeit bedeutend zu entdecken.

Leben, das dem Tod entwächst 73 f.

ALLES, WAS UNS SONST BEGEGNET, ist so zufällig, so beliebig, es könnte sein oder auch nicht, wir würden es nicht vermissen, es ist nicht wesentlich. Allein die Liebe führt uns zu dem Punkt, da wir begreifen: Diesen einen Menschen und folglich alles andere, das gesamte Konzert der Sterne und des Weltalls muß es geben, denn ohne all dies wäre jenes, dieser eine Mensch mit seinem Namen, nicht. Die Liebe führt uns an den Punkt, da wir beginnen, alles zu verstehen; denn wir begreifen mit einem Mal die Kraft, der wir in Wahrheit alles verdanken, und die Macht, daß unser Lebensraum so etwas ist wie ein unvergängliches Heiligtum.

Der offene Himmel 173

KEIN MENSCH HAT AN SICH SELBST im Gegenüber *der Natur* irgendeine besondere Bedeutung, es sei denn, er sei schön oder mächtig genug, um rein biologisch seine Gene möglichst oft zu vervielfältigen. *Die Liebe* aber besteht gerade in der Entdeckung, daß der oder die Geliebte *für mich und für sich selbst* eine unendliche Bedeutung besitzt. Für die Liebe ist der Gedanke absolut inakzeptabel, der andere solle nichts weiter sein als ein unwesentliches Übergangsphänomen im Energiehaushalt der Natur; die Liebe *besteht* darauf, daß es mit dem anderen eine *besondere* Bewandtnis haben müsse, die *nur ihm* zukomme; die Liebe ist gerade die Energie der tiefsten Verwesentlichung des Individuellen – ihr liegt einzig und allein an diesem einen Menschen, *mehr* als an allem anderen in der Welt.

Glauben in Freiheit I 186

KEIN EINZIGES DER LEBEWESEN, der Teile dieser Welt, die uns umgeben, *müßte* sein. Auch wir sind im letzten zufällig, das Ergebnis eines unglaublichen, fast beleidigenden Lotteriespiels von eins zu vielen Millionen. Jeder weiß das biologisch, aber wehe uns, wenn wir beginnen, zu begreifen, *wie* flüchtig und beliebig wir sein können in der Welt, in der wir leben. Wer gibt uns, kaum daß wir darüber nachdenken, den Mut zu uns selber zurück? Die paradoxe Antwort ist: Den Mut zu uns selber gewinnen wir einzig, wenn es irgendetwas auf dieser Welt gibt, das wir wirklich lieben. Es wird uns auf der Stelle alles erklären. Der Mond, der sonst einfach kalt und blind am Himmel steht, fängt plötzlich an zu singen für die Stunden der Liebe. Der Wind, der sonst wie klagend durch die Bäume geht, spielt mit einem Mal auf der Leier unserer Seele, und alles murmelt, flüstert, rauscht, summt diesen einen Choral der verschmelzenden Liebe.

Atem des Lebens II 687

ES GIBT UNS, aber es gibt keine Notwendigkeit, keinen Plan, als deren Resultat wir zustande gekommen wären. Was es gibt, ist ein Spiel von unendlichen Möglichkeiten, und wenn man so will, haben wir für einen kurzen Augenblick das „richtige" Los gezogen. Das Spiel wird weitergehen, und andere werden „Glück" haben. Das einzige, was man sagen kann, ist die banale Feststellung, daß die Natur stets mit den Formen des Lebens weiterexperimentieren muß und wird, die sie einmal hervorgebracht hat. Wenn es sich erst einmal als „vorteilhaft" erwiesen hat, daß Fische zur Stabilisierung ihrer Schwimmlage und zum Fortkommen im Wasser sich mit vier Flossen bewegen, so kann sich daraus beim Gang an das Festland, beim Klettern auf Bäumen, bei der Besiedlung von Steppen, bei der Eroberung des Luftraums alles mögliche entwickeln: Beine mit Füßen und Pfoten, Füße mit Tatzen oder Hufen, Flügel und Klauen, und in all diesen Formen spielt nach wie vor, selbst 400 Jahrmillionen danach, noch immer das alte Grundmuster der Fischflossen hindurch. Doch wer im Ernst wollte sagen, es sei das Ziel der Fischflosse gewesen, den Greifarm des Urvogels und die Greifhand des Schimpansen „hervorzubringen"? Auch nur schon den, geologisch gesehen, *kurzen* Zeitraum der „Menschwerdung" versteht man erst, wenn man von der Theologenneigung läßt, Ergebnisse als Ziele, Ursachen als Absichten und Folgen als Schulden oder Verdienste von Menschen, Engeln, Teufeln oder Göttern zu interpretieren. Die radikale und oft fatale Kontingenz der Welt läßt sich mit keiner „ontologischen" „Finalisierung" der „Schöpfung" aus der Welt schaffen.

Der sechste Tag 256 f.

ENTSPRECHEND DEM GRUNDGEDANKEN DER EVOLUTION ist es unmöglich, irgendein Lebewesen als die „Krone" oder gar als das „Ziel" des gigantischen Experiments „Leben" auf dieser Erde aufzufassen … Selbstredend läßt sich darauf hinweisen, daß die Natur uns Menschen als „Gehirnspezialisten" hervorgebracht hat mit all den damit verbundenen Vorteilen im Kampf ums Überleben; der hohe Grad der Komplexität unserer geistigen Fähigkeit bildet zweifellos eine enorme Auszeichnung unserer Spezies gegenüber allen anderen Lebewesen: – kein Tier vermag wie wir über den Sinn seines Lebens nachzudenken und die Gründe seiner Herkunft zu erforschen; doch dafür sind die Tiere „Spezialisten" auf anderen Gebieten: Kein Mensch vermag ohne technische Hilfsmittel wie eine Wildgans den Himalaja zu überfliegen oder wie ein Blauwal in die Tiefen des Meeres zu tauchen. *Biologisch* betrachtet, ist der Mensch *eine* Spezies unter anderen, hervorgegangen aus der Anpassung an eine bestimmte ökologische Nische zu einer bestimmten Zeit an einem bestimmten Ort. Aller Hochmut ist hier fehl am Platze.

Der sechste Tag 201

SO WENIG DER MENSCH IM „MITTELPUNKT“ der Schöpfung steht, so verfehlt muß es sein, die moralischen Wertungen *des Menschen* zum Maßstab des Verstehens und Beurteilens der Natur zu erheben. Die Natur hat unzählige Lebensformen hervorgebracht, von denen eine jede über ihre eigene „ethische“ und „ästhetische“ Wahrnehmung der Welt verfügt; und es ist schon von daher vollkommen unmöglich, die Welt aus der Perspektive nur einer einzigen Spezies verstehen zu wollen.

Der sechste Tag 222

WIE ABER, WENN EINE LÖSUNG nicht innerhalb des Lebens, sondern für das Dasein insgesamt gesucht wird, wenn also nicht etwas, sondern alles auf dem Spiel steht, wenn es nicht darum geht, eine „akute Krise“, wie man so sagt, zu „meistern“, sondern wenn man dringlich eine Antwort benötigt für jene Krise, die im Rahmen der Natur die Existenz des Menschen wesentlich darstellt?

Grenzgänger 253

ES IST SCHWERLICH EIN GRÖSSERER WIDERSINN denkbar, als daß die Natur Lebewesen mit Empfindungen, Gefühlen, Erinnerungen, Sehnsüchten und Gedanken hervorbringt, nur um all die erreichte Größe und Schönheit ihrer Erscheinungen mit unerbittlicher Notwendigkeit in kürzester Zeit wieder zurückzunehmen und die gesamte Vielfalt des Lebens periodisch immer von neuem auf das Niveau von Einzellern zurückzudrücken. Von den Individuen, diesen alleinigen Trägern aller Ängste, aller Nöte, aller Leiden und Leidenschaften, *soll* nach diesem Verfahren überhaupt nichts überleben, was nicht durch die Keimbahn sich fortzeugt … Ein Individuum zu sein bedeutet in dieser Welt, in einem unentrinnbaren Gefängnis zu leben und, wie ein unschuldig zum Tode Verurteilter, ohne Appellationsinstanz, dem willkürlich festgesetzten Tag der Hinrichtung entgegenzuwarten. Es ist, als hätte in einem grausamen Zynismus die Natur das Experiment Mensch (bzw. bewußtes individuelles Sein) überhaupt nur unternommen, um endlich und endgültig herauszufinden, ob ein solches Lebewesen, wie der Mensch, überhaupt zum Leben fähig ist oder ob es nicht, über kurz oder lang, an den Bedingungen seiner eigenen Hervorbringung, verbittert vor lauter Kummer und Schmerz, notgedrungen wahnsinnig werden wird.

An *dieser* Stelle erneut meldet sich das Bedürfnis nach Religion [angesichts] der *Unangemessenheit* der Zuordnung von Individuum und Gattung in der gesamten Geschichte des Lebens: – die Lebewesen, je höher sie sich entwickeln, werden nach und nach viel zu kostbar, um auch weiterhin „nichts anderes als" das bloße „Material" zur Erzeugung von weitgehend identischem Leben sein zu sollen. Und hier liegt der Ansatzpunkt des Glaubens.

… und es geschah so 819

GERADE WEGEN DER RADIKALEN EINSAMKEIT des Menschen im Kosmos also bedarf es unbedingt eines Gegenübers, das uns mit seiner Gegenwart über den Abgrund unserer Existenz hinweghebt … Gegen den Schock der Entdeckung der absoluten Wesensfremdheit des Menschen inmitten dieser Welt hilft kein anderer Trost als der Glaube an ein absolutes personales Gegenüber, das jenseits der seelenlosen Mechanik der Weltzusammenhänge uns selber meint und bejaht.

Glauben in Freiheit 247 f.

ALLE SIND WIR BRÜDER UND SCHWESTERN in diesem Erdendasein, heimgesucht vom gleichen Schicksal. Unsere Individualität kann darin bestehen, die Wunderbarkeit, die Seltsamkeit, die Unableitbarkeit, die Schönheit jedes Menschen an unserer Seite zu entdecken, zu fördern und zu vermehren. Dieses Leben, das wir führen, kann ein einziges Konzert der Dankbarkeit sein, daß es uns gibt. Wir sind nicht selbstverständlich, der Tod sagt es uns am allerdeutlichsten, und jede Zeitspanne irdischer Existenz trägt in sich ein Verlangen nach Unendlichkeit, nach Würde nach Liebe, nach Ewigkeit. So sind wir Menschen … Und ewig ist das Glück, in die Wahrheit unseres Lebens einzutauchen. Ganz sind wir gemeint, immer dürfen wir sein. Und unzerstörbar ist die Liebe, die Gott selber ist.

Zwischen Staub und Sternen 234 f.

OHNE SICHERUNG IM ABSOLUTEN überfordert man den Einzelnen. Ich denke, wir brauchen, um Personen zu bleiben, das Gegenüber einer absoluten Person und den ständigen Dialog mit ihr.

Wort des Heils, Wort der Heilung I 39

ALLE SEHNSUCHT DER MENSCHEN wäre nicht vorhanden, wenn sie sich nicht einer Wahrheit verdanken würde, die schon immer in ihnen liegt. „Du würdest", sagte der französische Philosoph Blaise Pascal einmal, „mich doch nicht suchen, wenn du mich nicht immer schon gefunden hättest." … Wir sehnen uns nur nach etwas, das uns im Grunde immer schon gemeint hat. Wir lieben eigentlich immer nur das, was uns als innere Kraft von Ewigkeit her durchströmt, nur daß es sich plötzlich zusammenfügt: Es wird in uns ganz, es verschmilzt mit uns in einer neuen, so nie gekannten Form des Daseins.

Das Johannesevangelium I 77

DENN NUR DIE LIEBE HAT DIE CHANCE, Leben zu erwecken. Sie ist die Kraft, die uns glauben macht, daß das Leben ewig sei, nicht das Leben der Menschheit im allgemeinen, sondern das Leben eines jeden Einzelnen in ihr. Auch das zählt zu dem Wunderbaren: Lieben kann man nie im Allgemeinen, und nur die Egoisten lieben es, abstrakt, im Kollektiv zu sprechen. Die Liebe ist immer persönlich, höchst individuell und ganz konkret. Einzig in ihr ist das kleine Ich eines jeden so wichtig, daß der ganze Himmel darauf wartet.

Was uns Zukunft gibt 203 f.

ES BEDARF EINES JENSEITS der Geschichte *und* der Natur, um inmitten der Welt so etwas wie Menschlichkeit zu begründen.

Grenzgänger 166

DIE RELIGION KANN wie stets die äußere Lage nicht ändern, aber sie kann *Symbole* (er)finden, die ihr eine neue Bedeutung verleihen und sie dadurch leichter erträglich machen. Wenn es *die Liebe* ist, die durch den Tod wie widerlegt erscheint …, so kommt es offenbar darauf an, die Begegnung zwischen zwei Menschen in ihrer eigenen, das heißt *eigentlichen* Dimension erfahrbar zu machen.

Glauben in Freiheit I 496

MAN „LEBT" IN SEINEN KINDERN „WEITER"! So glaubt, wer an nichts glaubt außer an das, was er sieht. Jemand wie Tantalos, der den Göttern das eigene Kind zum Opfer darbringt, beraubt sich gerade dieses biologisch einzigen Trostes gegen die Sterblichkeit, um dafür Unsterblichkeit von den Göttern sich schenken zu lassen. Er ahnt nicht, daß er sich damit selbst genau zu dem Schattendasein verdammt, dem er entrinnen möchte; ganz und gar taucht er damit ein in die zwanghafte Logik jeder Fruchtbarkeitsreligion, die in Gestalt des Baals-Kultes der Phöniker von der Bibel bekämpft wurde: Wer das menschliche Dasein einzig als Teil der Natur betrachtet, steht immer wieder vor dem unlösbaren Problem des Kommens und Gehens inmitten einer Welt, die dem Einzelnen in blinder Grausamkeit jederzeit die völlige Zurücknahme seines Daseins zumutet. Wer ist er als Person? Die Natur sagt es ihm nicht; sie nimmt wie selbstverständlich ihn selber zum Opfer ihres Selbsterhalts und verlangt ihm rigoros jede Art von Opferleistung ab, um für eine kurze Zeit sein Dasein zu rechtfertigen.

Grenzgänger 199

IN JEDER LIEBE IST DAS SO: Man spürt in dem Geliebten den Himmel nahe, man fühlt in ihm etwas Absolutes, Endgültiges, Unendliches, so daß es im Neuen Testament sogar heißt, die Liebe selber sei Gott (1 Joh 4,16), und doch stellt gerade dieses Erleben vor eine Alternative: Man kann es interpretieren in den Gedanken von Schopenhauer und Freud, – dann gelingt es der Sexualität, für kurze Zeit das Individuum in den Dienst der Weitergabe der Gene zu zwingen, so daß es sich selbst eine vermeintliche Ewigkeit und Bedeutsamkeit zuschreibt, die allenfalls die Gattung, nicht aber ihm selber zukommt; löst der Taumel von Faszination und Ekstase sich auf, erlebt man sich wie gefesselt: man verliebt sich von neuem, man steigert den Einsatz, man sucht in der Frau an der Seite nach der Göttin und betritt damit doch nur das Wolkenkuckucksheim wahnhafter Phantasien, – das Rad dreht sich weiter, die Qual aus Enttäuschung und suchtähnlichem Verhalten findet ihren Fortgang. Oder: man begreift, daß das Sehnsuchtsbild nach Vertrauen, Glück und Geborgenheit alle Stadien der Liebe begleiten wird, mit der Mutter (und dem Vater) beginnend, sich fortsetzend in deren Ersatzgestalten von Mädchen und

Jungen, von Frau und von Mann im Erleben des Heranwachsenden und des Erwachsenen, doch nie sich darin erfüllend, um schließlich sich festzumachen im Absoluten, im Göttlichen. Fortschreitend in der seelischen Entwicklung lernt man auf diese Weise, das Bild des „Mutterarchetypus" in der Sprache C. G. Jungs von den einzelnen Partnern menschlicher Beziehung zu lösen und es im letzten zu beziehen auf ein Gegenüber, dem man sich nur hingeben kann, ohne es für sich in Besitz nehmen zu wollen. Das (sexuelle) Verlangen nach Verschmelzung und Einheit läutert sich wie von selbst zu dem Erleben einer absoluten Geborgenheit im Unendlichen, so daß alles erfahrene Glück der Liebe im Gegenüber eines einzelnen Menschen sich bestätigt, intensiviert und verewigt. Anders gesagt: In dem Partner, den man liebt, erscheint stets das Bild von etwas Unendlichem, Göttlichem, Absolutem; durch die Liebe wird seine Person zu einem Fenster in der Kerkerwand unserer irdischen Gefangenschaft, welches das Licht der Ewigkeit in den Innenraum unseres Daseins hereinströmen läßt. Nur in Richtung einer solchen größeren Erfüllung kann die Seele eines Menschen dahin reifen, sich nicht länger wie süchtig an die Gestalt eines einzelnen vergöttlichten Menschen zu klammern.

Grenzgänger 246 f.; 248 f.

KANN ES EINE LÖSUNG DARSTELLEN, sich ins Bukolische zurückzuziehen und ein Leben in vermeintlicher Ursprünglichkeit, Naturnähe und möglichster Bedürfnislosigkeit zu führen? Das könnte sehr wohl eine Lösung sein und müßte nicht mit jener „Eselei“ bloßen Banausentums identisch werden, wofern man nur vermeidet, aus einer Lebensweise in Naturverbundenheit und Mitgefühl eine Art Weltanschauung zu entwickeln, wonach der Mensch, auch er, nichts weiter ist und sein soll als selbst ein bloßer Teil der ihn umgebenden Natur ... Sie macht ihm gerade in ihrer Grausamkeit bewußt, wie wissenschaftlich und rein rational ein Menschenleben zu betrachten ist, das ganz und gar in der Natur aufgeht: Es wird von ihr ermöglicht und hervorgebracht, doch bald schon ohne jegliches Bedauern in seine einzelnen Bestandteile zurückzerlegt und aufgelöst. Mehr ist er nicht, wenn der Mensch nichts sein soll als nur Natur!

Grenzgänger 325

MENSCHEN SIND NIEMALS NUR TEIL DER NATUR. Die Vegetation mag durch Verdorren und Erblühen ihre Haut verjüngen, ein Mensch stirbt qualvoll an der Prozedur des „Schindens“. Andere mögen seine Haut im Ritus überstreifen, er selbst bleibt tot ohne jedwede Rückkehr einer Neubelebung. Wohl, die Vegetation kommt und vergeht und kommt wieder, für sie ist die Schindung der Haut ein Prozeß der Erneuerung. Für Menschen als Individuen aber gilt gerade das Gegenteil. Ihr Tod ist kein Opfer, das zu bringen wäre für den Fortbestand und das Wachstum des Lebens. Weder symbolisch noch real, weder als Teil von religiösen Riten noch im Raum eines wie immer vorstellbaren ökologischen oder ökonomischen Verwertungsprozesses sind Menschen zu vernutzen als Rohstoffmasse zum Erhalt der Energiebilanz in den Metabolismen und Metamorphosen der Natur oder zur Steigerung der eingesetzten Vermögensbeträge im Wirtschaftskreislauf … Niemals sind sie nur ein Teil der Natur; niemals dürfen sie miteinander so verfahren, wie die Natur mit ihnen jederzeit verfährt; als Menschen existieren sie nur im Unterschied, im „Anderssein“ zu der stummen Grausamkeit, mit der die Erde Leben aussät und wieder zurücknimmt.

Grenzgänger 331–333

WANN IMMER MENSCHEN SAGEN, daß sie an Gott (oder an Götter) nicht (mehr) zu glauben vermögen, meinen sie damit, daß sie an Liebe nicht länger mehr glauben. Was ihnen einst für heilig galt, scheint jetzt wie entweiht; was vormals fühlbar war wie eine sanfte Fügung zu Glück, Gemeinsamkeit und Güte, tritt ihnen jetzt als gleichgültige Grausamkeit entgegen, und was man ehedem als Sinn und Wert begreifen mochte, zerrinnt nunmehr in Hohn und Spott. Ein Einverständnis mit der ganzen Welt schenkte einstmals die Liebe, jetzt erweist sich die Welt als ein kaltes, seelenloses Getriebe, das seinen Gang geht so fühllos wie die Sonne, wie der Mond, – sie zeigen eine Zeit an ohne Inhalt, beherrscht von einer Mechanik voller Mühsal, ein Atemholen, das sich vollzieht als ein hilfloses Seufzen.

Grenzgänger 392

IN JEDER INNIGEN BEZIEHUNG möchte der Liebende auch und gerade als Einzelner sich selbst bestätigt finden, ja, er muß an einer Stelle seines Lebens einmal diese Erfahrung machen dürfen, einem anderen Menschen unverwechselbar, als dieser eine, brauchbar, liebenswert, erwünscht, notwendig, unersetzlich, wesentlich zu sein; und nun denken zu sollen, daß der andere all die Geständnisse seiner Verliebtheit nur so dahergeredet hat, ohne sie wirklich ernst zu nehmen, daß er getändelt und gespielt hat, wo für einen selber alles auf dem Spiel stand, – das stößt in eben die Gleichgültigkeit, Beliebigkeit und Unverbindlichkeit zurück, der man mit aller Macht entkommen wollte. Im Untergrund lauerte wohl immer schon die Furcht, es müßte nur etwas dazwischen kommen, – gleich würde in die Lücke jemand anderer eintreten, der als attraktiver, interessanter, aufregender empfunden würde als man selbst, und dann – von Stund' an ist's, als wäre nie etwas gewesen. Vielleicht gerad noch unter „ferner liefen" wird man am Rande wahrgenommen und eben noch geduldet; der andere aber, als der Erste, als der Sieger, steht in der Sonne da und taucht die eigene Existenz in einen langen Schatten; man wird nicht mehr gesehen – neben ihm, hinter ihm, unter ihm. Nicht nur die alte Einsamkeit kriecht neu hervor, man fühlt sich überflüssig, sinnlos, wertlos, – man zieht sich zurück.

Grenzgänger 400 f.

WOHL WIRD DIE WELT sich weiter drehen, doch gänzlich ohne uns. Es ist ein nur poetisch schöner Selbstbetrug, sich vorzustellen, wie wir weiterlebten in den Blumen und den Schmetterlingen. Wir tun es nicht. Wir geben die Chemie der Elemente weiter, die uns selber einmal formten; doch wir selber sind nicht länger Teil der biochemischen Metamorphose. Es setzt sich freilich weiter fort der alte grausige Verdrängungswettbewerb auf allen Ebenen des Lebens: Wo eines ist, da kann am gleichen Ort zur gleichen Zeit ein anderes nicht sein. Ein kleiner Vorteil, mehr an Sonne zu erhaschen, bedeutet diesem Pflänzchen Leben, dem anderen im Schatten gleich daneben nur Kümmernis und baldiges Verkümmern. So geht es hin. Und daß es „unbewußt" geschieht, enthebt es zwar aller Verantwortung, vermehrt jedoch nur noch die Unbedenklichkeit des Grausamen, das die Naturgesetze selber sind. Nein, wenn es einen Trost gibt, so liegt er ganz gewiß nicht in der Auflösung des Personalen, vielmehr allein in der Bestätigung, Bestärkung und Erhebung dessen, was wir als Personen sind. An dieser Stelle ist der Hinweis des Dionysos entscheidend. Er ist mitnichten nur die Sinngestalt von Sinnenlust und Rausch und Tanz. Die Macht der Liebe, die die Paare aneinander bindet, lehrt sie zugleich, die Einmaligkeit und Unvertauschbarkeit, die dieser eine ist, sich immer tiefer einzuprägen und immer dankbarer zu fühlen; und mit der Unersetzlichkeit dieser Person, der unsere Liebe gilt, beginnt zugleich die Unersättlichkeit jenes Verlangens nach Unsterblichkeit. Nicht Ruhm noch Nachruhm schaffen sie, nicht die Erinnerung von Nachgeborenen; es ist allein die Liebe, die das Sein des anderen als ewig glauben läßt. Auch dieser

Einblick in die Tiefe unseres Daseins ist Dionysos: die Liebe als erfahrener Garant der Ewigkeit, – wir werden niemals voneinander lassen, und niemals wird der Tod uns wirklich trennen. In diesem Leben mögen Menschen auseinander gehen, – in jenem anderen wird es die Bitterkeit von Trennung und Enttäuschung nicht mehr geben; dort wird die innere Gestalt die Schönheit, die wir liebend im anderen schon immer ahnten, sich freisetzen zu einem Sein, das nicht vergeht.

Grenzgänger 444 f.

Geduldig?

oder:

bei mir selbst sein

DIE TREUE ZU SICH SELBST ist die Voraussetzung auch dafür, einander zuverlässig werden zu können. Sagen wir so: Es ist nicht möglich, über den Rhein eine Brücke zu schlagen, wenn nicht beide Uferböschungen in sich selbst fest gegründet sind. Nicht einmal die Beziehungen zwischen zwei Menschen können stabil bleiben, solange nicht ein jeder für sich selber erst einmal er selber ist, und die *Treue der Liebe* bestünde darin, eine gewisse Dankbarkeit dafür zu entdecken, daß dieser andere gerade dieser andere ist.

Ein Mensch braucht mehr als nur Moral 334 f.

WIE SCHWER ES IST, bewusst zu existieren, zeigt sich bereits daran, dass wir am Tag alle möglichen Vorrichtungen treffen, auch noch die ca. acht Stunden, in denen wir neben Schlafen und mechanischer Routine wenigstens einigermaßen bewusst existieren könnten, so kurz zu halten, als es irgend geht: Drogen und Genussmittel, seichteste „Unterhaltungen" in „Gesellschaft", wahlloser Konsum ablenkender Medienprogramme – wann eigentlich haben wir den Mut, nach Blaise Pascals Vorschlag es auch nur einmal zwanzig Minuten lang mit uns selber auszuhalten? In gewissem Sinne gleicht unsere Lebensführung einer einzigen sorgfältig inszenierten Flucht vor uns selbst … wie erträgt der Mensch seine Freiheit, oder, anders gesagt: wie gewinnt er den Mut zu sich selbst?

Glauben in Freiheit I 344 f.

WENN ICH SELBSTFINDUNG SAGE, meine ich keineswegs ein subjektiv gelungenes und zu Ende gekommenes Dasein. Aber den Versuch, ein solches zu leben, niemals aufzugeben, das halte ich für ein wesentliches Stück Glauben. Umgekehrt scheint es mir, daß, je sichtbarer ein Mensch gegen alle Angst das zu leben vermag, was in ihm angelegt ist, was sein Wesen ist, er desto mehr für sich selbst und für die Menschen an seiner Seite wie ein Fenster wirkt, durch das sehr viel Licht Gottes fällt. Wir sehen Gott nie anders als durch die Menschlichkeit anderer Menschen.

Wort des Heils, Wort der Heilung II 136

MANCHMAL, WENN DER LÄRM und der Trubel ringsum uns verlassen, bricht in uns ein innerer Sturm aus. Oft genug grad dann, wenn wir die Betriebsamkeit draußen entlassen, beginnt unser eigenes Herz zu stürmen wie ein von Windböen gepeitschter Ozean, und wir geraten darüber in Furcht vor uns selber, wissen uns nicht mehr zurechtzufinden, sehen nicht mehr geradeaus, möchten uns schützen und wissen nicht, wie, und mitten in der Angst fühlen wir, daß es sich unter uns zu öffnen droht, gähnend und gefährlich. Es ist schon in der Auseinandersetzung mit uns selber überaus wichtig, daß wir nicht die Angst allmächtig werden lassen. Keinen Teil der Schöpfung gibt es, am wenigsten in unserer eigenen Seele, den wir fürchten müßten wie etwas in sich selber schlechthin Unheimliches und Zerstörerisches … Wenn wir nur wagen, uns tiefer wahrzunehmen in dem, was sich in uns, in unseren Träumen, in den sanften Gesetzen unserer Seele regt, dann sind wir in Gott tiefer gehalten, stärker gefestigt, lebendiger verwurzelt, und es wird der gähnende Abgrund sich schließen und muß uns nicht mehr peinigen mit Not und Schrecken.

Und legte ihnen die Hände auf 95

DA GIBT ES ALSO ETWAS IM MENSCHEN: sein Selbst, seine Seele, sein Sein, seine Wahrheit, sein Wesen, den Sinn seines Lebens …, egal, wie man es nennt, und es ist dieses Etwas, das er als örtlich erlebt, eben weil es nicht weiter begründbar, planbar und machbar ist. Auf dieses „Etwas" bezieht er sich, um einen Halt seines Menschseins und seiner Menschlichkeit zu finden, und doch kann er nicht erklären, was dieses „Etwas" ist. Es ist „etwas" in ihm und doch außerhalb seiner, es ist etwas, das für ihn gilt und zugleich für die Welt im Ganzen, es ist etwas, das ist und zugleich nicht „ist", es ist etwas, von dem er sprechen muß und von dem er doch nicht sprechen kann, es ist etwas, das ihn umgreift ebenso wie er es ergreift …

Der sechste Tag 320

DIES IST EINE ERFAHRUNG nicht nur des Lebens Jesu, sondern unseres eigenen und jedes menschlichen Lebens: daß etwas Wahres sich nur formen kann in den Stunden, da wir bei uns selber sind und im Alleinsein mit uns selbst nahe bei Gott.

Das Markusevangelium I 424

DIE ANGST DES MENSCHLICHEN DASEINS kann sich nur beruhigen im Gegenüber eines absoluten Willens, der möchte, daß wir sind. Dieser Wille ist für den Theologen, für den Gläubigen Gott. Auf der anderen Seite ist das gerade das Kennzeichen des Sprechens von Gott, daß er die Wege öffnet, auf denen wir unser menschliches Dasein zu vollziehen vermögen.

Wort des Heils, Wort der Heilung II 135 f.

GOTT MÖCHTE EINZIG, daß wir in Geduld lernen, es bei uns selber auszuhalten. Es gibt einen jeden von uns im ganzen Weltall nur ein einziges Mal. Es gibt uns in Jahrmillionen unter Milliarden von Menschen in der Tat nur als eine solche absolute, unvertauschbare Singularität.

Das Markusevangelium I 388

EINE ERSTE VERHEISSUNG unserer wirklichen Berufung ergeht. Nichts hat Abraham in Händen, nichts kann er vorweisen. Ihm selber aber gilt sie, seiner Person. Es gibt an diesem Wendepunkt der menschlichen Geschichte nur eines, was Gott wirklich sagen möchte, dies aber mit allem Nachdruck, mit aller Stärke, die in einem Gotteswort liegt … Und dieses Wort an Abraham lautet: … Du, Abraham, bist ein Segen … So sind wir gemeint, und so dürfen wir von uns denken, ja, wir haben vor Gott die heilige Pflicht, unser Leben so zu begreifen: als einen Segen. Wir sollten die Möglichkeit wiedergewinnen, über unser Dasein froh zu werden und uns zu segnen dafür, daß es uns gibt.

Leben, das dem Tod entwächst 41

DER MENSCH BRAUCHT EIN GEGENÜBER, in dem er sich spiegelt und wiederfindet. Erst der Glaube an einen Gott schafft einen Menschen, der in sich selber und mit sich selber einig werden kann.

Die zehn Gebote 27

„SICH SELBER FINDEN" – das heißt als erstes, all die verinnerlichten Formen von Zwang und Außenlenkung abzustreifen, die bislang aus dem Erbe von Tradition und Institution dem Leben Halt zu geben schienen. Die Entdeckung, *selber* leben zu dürfen, geht einher mit einer weit tieferen Wahrhaftigkeit sich selbst gegenüber: Welche Motive sind es eigentlich, die das Verhalten im Alltag leiten? Was stimmt wirklich, und was ist nur kaschiert oder rationalisiert, um vor sich selbst einigermaßen bestehen zu können? Wie oft hüllen Ehrgeiz und Machtgier sich in das Gewand von Hilfsbereitschaft und Idealismus? Wie oft tarnen sadistische Impulse sich in Mitleid und Pflichtgefühl, wie oft sexuelle Begierde in lyrische Zärtlichkeit? Nach den Anweisungen der herrschenden Moral wäre es ein leichtes, derart „tierische" Bedürfnisse einfach hinter Schloß und Riegel zu halten, bis sie gewissermaßen zirkusreif dressiert sind; doch gerade *das* scheidet aus, sobald es darum geht, die Wahrheit der eigenen Person zu finden.

Glauben in Freiheit II 174

DIE KRAFT ZU EINEM PROTEST, der mehr ist als eine theatralische Pose, speist sich aus dem Hintergrund einer Bejahung, die niemand sich selbst gibt, doch die er benötigt, um in Negation wie in Affirmation mit sich selber zusammenzuwachsen und strikt den Wesensverformungen fremder Erwartungen und scheinbarer Pflichten zu widersprechen … Man wahrt im Widerspruch die Menschlichkeit. Der prometheische Protest hat seine Fortsetzung gefunden im Kampf um Gott in der Gestalt des Christus, und hier wie dort ergeht in unerhörter Aktualität die Forderung, sich den Zynismen der Regierenden nicht minder als der schmerzhaften Resignation der allzu tief Erniedrigten sowie der Gleichgültigkeit der Natur, auf die sie sich berufen könnten, mit aller Kraft zu widersetzen.

Grenzgänger 123 f.

DAS EMPFINDEN, IM GANZEN DASEIN UMFANGEN zu sein, ist nicht ein Resultat glücklicher Erinnerungen an den faktischen Verlauf einer zufälligerweise relativ konfliktfreien Kindheit, es ist das Ergebnis eines empirisch unbeweisbaren Glaubens an die Berechtigung und Wahrheit des Symbols, mit dem jedes Kind auf die Welt kommt: des archetypischen Bildes der Mutter.

Grenzgänger 253

MÄRCHEN HABEN DARIN IHRE IDEALE WAHRHEIT, daß sie uns beschwören, nicht zu resignieren, sondern, trotz aller Widerstände Liebe zu glauben, – sie allein lehre und verleihe Reife, Glück, Identität und eine Art Zufriedenheit im Endlichen, erklären sie; wer aber wird schon erwarten, daß Märchen in der äußeren Realität sich bewahrheiten?

Grenzgänger 381

GERADE WEIL ALLE LIEBE nach vorbehaltloser Anerkennung des eigenen Daseins Verlangen trägt, sollte ihre Erfüllung nach und nach ein ruhigeres Maß an Vertrauen und Wertgefühl im Umgang mit sich selbst ermöglichen.

Grenzgänger 411

DIE FRAGE LAUTET ..., wie man den Menschen in seiner Angst beruhigen und in seiner Krankheit heilen kann; wenn man ihn nur geduldig genug begleitet, bis er zu sich selber zurückfindet, wird man von selber sehen, daß der Tumult sich legt und das „Königtum der Himmel" wächst. Um diesen Frieden aus innen, um diese Identität des Wesens, um diese Integration des Ichs geht es; dann wird alles andere wie von selbst sich erfüllen. Freiheit ist nicht Willkür, das ist wahr; doch kein Gesetz erzeugt die Freiheit, die dazu gehört, um wirklich gut zu sein.

Das Matthäusevangelium I 446

ES WÄRE SCHÖN, wenn man endlich wieder da ankäme, von wo man seinen Ausgang nahm. Dann wäre das ganze menschliche Leben ein Ring der Zeit, der sich schließt. Auch psychologisch wäre das sehr schön. – Ich glaube, dass an solchen Vorstellungen etwas dran ist: … Man hat vieles gelernt, das man im Jugendalter nicht wirklich verstanden hat. Man hat mit mathematischen Formeln oder physikalischen Gleichungen hantiert. Aber dass man Weisheit, Philosophie, Welterklärung sich dabei hat öffnen sehen, das war nicht der Fall. Das begreift man vielleicht erst sechzig Jahre später, und dann fängt es an, einen noch einmal zu interessieren … Kurz: Was man als Kind beigebracht bekommen hat, reift nach. So schließt sich am Ende ein Kreis. Es wäre schön, man könnte damit auch das Einverständnis sich selber geben, dass es gut war, so groß geworden und überhaupt geworden zu sein. Dann ist es rückblickend noch einmal eine Bejahung: Dieser mein Lebensweg ist in Ordnung und kehrt zu seinen Anfängen zurück, eine Annahme, die einem möglich wird, weil man sich irgendwie schon immer angenommen fühlte, nicht ausgeworfen als Zufall der Natur.

Wege aus dem Niemandsland 48 f.

ES KOMMT DARAUF AN, daß wir selber uns die Chance wiedergeben, in die Tiefe zu wachsen, die Ruhe zu lernen, die Dinge nicht nur zu hören und gleich nach außen zu tragen, sondern in uns selber sich entfalten zu lassen, sie zu bewahrheiten. Ein ganz einfaches Gesetz: Alles, was wahr ist und wachsen will, braucht Zeit dafür und darf seine Zeit in Anspruch nehmen, benötigt die Geduld der Ewigkeit, und wir dürfen sie haben. Unser eigenes Leben verdient das Vertrauen, daß alles, was darin angelegt ist, bestimmt ist, reifen zu dürfen … Auf hunderterlei Weise möchte man einem jeden und sich selber nur sagen: „Habe den Mut zur Schönheit deiner eigenen Reifegestalt. Fürchte weder die Tiefe noch die Umgebung, noch liefere dich aus dem Strom der Zeit. Du wirst ein Kind des allmächtigen Vaters, und selbst wenn es Stunden gibt, in denen du's kaum zu glauben wagst, vertraue darauf, dass Gott wusste, was er tat, als er dich erschuf, ein Wunderwerk aus seinen Händen."

Leben, das dem Tod entwächst 15 f.

EIN SCHLAFENDER VERDIENT RESPEKT. Am Tage mag er sich verhalten, wie er will; des Nachts im Schlafe ist er heimgekehrt in eine wohltuende Unschuld: es gibt kein Gut noch Böse mehr in diesem Zustand, es gibt den Unterschied nicht länger zwischen Stark und Schwach, alle Funktionen sind vereint und reduziert auf dieses pure Ruhen in sich selbst. „Dem Seinen", heißt es in den Psalmen, „gibt's der Herr im Schlafe" (Ps 127,2), – das ist ganz wahr: das Schlafen selbst ist ein Geschenk des Herrn; es läßt uns voll Vertrauen etwas ahnen von der Geschenkhaftigkeit des gesamten Daseins. Jenseits der Angst regt sich von innen ein Gefühl der Freude und Bejahung in Antwort auf das sichere Empfinden, von Grund auf selbst bejaht zu sein. So können wir zur Ruhe kommen. Ordentlich schlafen – das ist, so betrachtet, ein Gespür für Gottes Nähe und für seine Güte.

Wer bin ich? 209

WÄRE ES NICHT DENKBAR, wir benötigten gar nicht den Umhang des Paletots der uniformierten Stärke und besännen uns auf das, was wir selber sind, gleichgültig, ob hoch oder niedrig, schwach oder stark? Was hängt von solchen Fragen ab, wenn wir die Menschen sind, als die wir aus der Hand Gottes hervorgegangen sind? Diese Hand sieht niemand, diese Hand kann niemand beweisen, doch allein der Glaube schon, in unserer Seele trügen wir so etwas wie einen Abdruck der zärtlichen Finger Gottes, die den Staub der Erde nahmen und formten ihn zu einem Gefäß der Kostbarkeit, und er atmete hinein seinen eigenen Odem – es bedeutete gegenüber aller Vergänglichkeit, gegenüber aller irdischen Nichtigkeit eine solche Größe, einen solchen Stolz!

Dass auch der Allerniedrigste mein Bruder sei 66

DAS WUNDER DIESES PFINGSTMORGENS ist, daß Gottes Geist uns innerlich ist. Es ist das Ende der Vorstellung, daß man Gott von außen bringen müßte, den Glauben an Gott womöglich durch das Training des Auswendiggelernten von fremdher erzeugen sollte. Die Wahrheit ist, wie sie in Jesus lebte, daß jeder Gott in seinem Herzen trägt. Einzig die Fesseln müssen wir sprengen, die Beengtheiten dürfen und müssen wir verlassen. Dann wird sich in uns entfalten, was an Geist in uns leben möchte.

Daß alle eins seien 72 f.

Verständnisvoll?

oder:

Niemand ist freiwillig böse

ERST VERMÖGE EINER TIEFEREN ERKENNTNIS dessen, was uns selber quält, werden wir mächtig genug, auch das Böse im Herzen eines anderen aufzunehmen und zu beruhigen. Im Grunde sagen wir dem anderen damit: „Ich verstehe von mir selber her, wie du dazu kommen konntest. Ich würde mich selber nicht kennen, wüßte ich nicht, was in dir vorging."

Leben, das dem Tod entwächst 219

IST DIE LIEBE SO STARK wie der Tod, dann ist Freundschaft mächtiger als jedes Schuldgefühl.

Grenzgänger 172

IN EINER GEMEINSAMKEIT DES VERSTEHENS hören die Grenzen auf zwischen dem Verletzenden und dem Verletzten und fügen sich Hände über dem Abgrund ineinander in der Bereitschaft, einander nicht mehr loszulassen.

Leben, das dem Tod entwächst 219

DAS VERWIRRENDE IST, wie bei vielen, wenn nicht bei den meisten „grausam verübten" Verbrechen, daß sie selber alles andere als „einfach" zu verstehen sind, sondern bei näherem Hinsehen eine tiefe Gebrochenheit in der Struktur der „Täter"persönlichkeit zu erkennen geben ... Nur wer versteht, vermag zu heilen, und nur der Heilende kann helfen.

Grenzgänger 217

NIEMALS WIRD MAN DER NOT eines Menschen gerecht, indem man über ihn zu Gericht sitzt, und der wohl größte Fehler besteht darin, auf eindeutigen moralischen und rechtlichen Begriffen dort beharren zu wollen, wo das Leben alles andere als eindeutig und fest ist.

Jesus von Nazareth 29

DER EINZIGE, der über Menschen urteilen darf, ist Gott, und er – das war die ganze Botschaft Jesu – will die Vergebung, nicht die Verurteilung des Menschen.

Ich steige hinab in die Barke der Sonne 211

„ICH VERGEBE DIR“ heißt ja keinesfalls: „Ich finde alles gut, was du machst, ich akzeptiere es, ich betrachte es genauso wie du als richtig.“ „Ich vergebe dir“ in diesem Sinne kann z. B. heißen: „Was du machst oder was du grade sagst, findet eigentlich meinen heftigsten Widerspruch, ich sehe darin ein schweres Problem für dich selbst und auch für mich, ich bin überhaupt nicht damit einverstanden, aber ich sage dir, deshalb möchte ich verstehen, wie du dahin kommst, erklär's mir, was sind die Hintergründe? Was hast du erlebt, daß du die Dinge so siehst? Das will ich verstehen, denn mir liegt an dir, ich lasse dich damit nicht fallen.“

Und legte ihnen die Hände auf 30

DIE VERGEBUNG stellt *die Voraussetzung* dar, um überhaupt ehrlich mit sich selber umgehen zu können! Dieser Mann wird die Gründe seines Verhaltens nur auffinden können, wenn er weiß: es sitzt ihm jemand gegenüber, der sich bemüht, ihn zu verstehen; er wird *nicht* verurteilt werden, bei allem, was er sagen wird. Daß man ehrlich zu ihm steht und ihn verstehen, nicht aburteilen will, ist die *Grundvoraussetzung*, um ehrlich zu sich selber sein zu können, und auch umgekehrt, aufseiten des „Beraters" oder des Seelsorgers, muß das Vertrauen walten, dieser Mann sei im Grunde ein *guter* Mensch, ein in gewissem Sinne Verlorener, vielleicht ein Verzweifelter, jemand jedenfalls, der mit sich und mit den Menschen an seiner Seite zutiefst nicht zurechtkomme, aber er sei nicht „von Grund auf böse". Wie hilft man einem solchen Menschen auf? Nur *darum* geht es …

Die *Lösung*, die es geben wird, so viel ist sicher, hängt zu einem großen Teil von der Charakterstruktur der beteiligten Personen ab; ehe wir dieser Frage nicht wirklich nachgehen, ehe wir nicht wissen, mit welchen Menschen wir es überhaupt zu tun haben, ist das Problem nicht zu „lösen"; „Vergebung" aber geht noch viel tiefer: Am Ende spüren wir, daß Gott uns buchstäblich *alles* vergeben muß, *was wir sind*, weil wir wirklich anders nicht leben können! Denn nur in der Entschlossenheit zu uns selbst, wie sie im Vertrauen auf eine solche unbedingte Vergebungsbereitschaft erwächst, formt sich von innen her unsere eigene Person und werden wir allererst fähig auch zum „Guten" im moralischen Sinne … Die weit größere Kunst Jesu war es, die Menschen zu lehren, *sich selbst vergeben zu können.*

Das Matthäusevangelium II 452; 454

DAS, WAS WIR BÖSE NENNEN, ist lediglich das Ergebnis einer Verzweiflung, in der ein Mensch durchaus nicht mehr weiß, wer er ist, in der er nicht mehr weiß, wofür er ist, in der er sich selbst soweit verloren hat und so tief an sich gescheitert ist, daß alles, was er sein könnte, ihm unerreichbar wird; alle Hoffnung bricht deshalb zusammen, alles, was Ich sein sollte, geht zugrunde.

Ein Mensch braucht mehr als nur Moral 279

ALLE SCHWIERIGKEITEN DES MENSCHLICHEN LEBENS sind tiefer, als sie sich mit moralischen Wertungen erlassen ließen. Die Moral kommt bei der Lösung eines menschlichen Problems entweder zu früh oder zu spät, indem sie bestenfalls als Symptomatik eines bestimmten „Fehlverhaltens“ taugt. Als Heilmittel ist die Moral gerade so „tauglich“, wie wenn ein Arzt seinem Patienten vorhalten wollte, seine Krankheit bestehe eben darin, daß er sich aus seinem Bett nicht erhebe, daß er so fiebrige Träume habe, daß er so bleich aussehe, daß er keinen Appetit habe – er müsse eben sich mehr bewegen, besser schlafen, besser aussehen, mehr essen … Gesundheit läßt sich nicht befehlen, sondern nur durch Kenntnis der Krankheit und durch eine entsprechende Therapie erreichen. Einzig ein wirkliches Verstehen kann dem Menschen dazu verhelfen, das wirklich zu werden und tun, was er in geläutertem Zustande eigentlich sein und tun möchte … Wir müssen damit versuchen, etwas zu tun, das durchaus nicht ungefährlich ist: Hinter der Maske des Verbrechens müssen wir das Antlitz des Menschen, der es verübt hat, wiederzufinden suchen;

hinter den Greueltaten der menschlichen Geschichte müssen wir die verborgene Größe des eigentlich Gewollten wiederentdecken; und in allen Fällen müssen wir bestrebt sein, etwas, das Menschen tun können und getan haben, nicht durch Verwünschen, Verbieten und Bestrafen aus der Welt zu reden, sondern in wörtlichem Sinne als eine menschliche Möglichkeit zu verstehen, die in uns allen liegt und deren wir nur Herr werden können, wenn wir ihre Gründe in uns selber begreifen.

Glauben in Freiheit II 76

ICH WILL NICHT SAGEN, wir seien dauernd die Opfer und könnten nichts dafür. Wir können auch den Bedingungen, unter denen wir antreten sollen, standhalten und uns selber durchhalten. Aber: Ich sehe nie, dass Menschen etwas Böses tun, das sie wirklich wollen. Wenn sie das tun, sind sie Opfer. Das müssen nicht unmittelbar die Arbeitsbedingungen sein oder die Wirtschaftsbedingungen, eher schon die psychologischen Bedingungen. Die Art, wie man als Kind die Welt erleben mußte, ist viel ausschlaggebender dabei. Die Persönlichkeitsformung, die man durchlitten hat, bis man sich erwachsen nennen durfte, – die macht uns irgendwie zu Gefangenen.

Wege aus dem Niemandsland 179

ALLE BESCHÄFTIGUNG mit dem Bösen lebt von der Sehnsucht nach dem Guten.

Das Markusevangelium I 11

WORUM MAN SICH KÜMMERN MUSS, wenn man dem Bösen im Menschen auf die Spur kommen will, ist die menschliche Angst und Hilflosigkeit.

Wort des Heils, Wort der Heilung I 25

DAS SCHLIMMSTE, WAS MENSCHEN BEGEHEN, entstammt nicht bloßer Böswilligkeit, es geschieht, ohne es selber zu wissen – ein Mißverstehen des Anderen, ein Mißverständnis des Eigenen; die einzige Chance, die verbleibt, besteht darin, aus den begangenen Fehlern bedingungslos tiefer einander verstehen zu lernen; nicht wie man's beurteilt, wie man's begreift, ist die Frage.

Grenzgänger 438

WIE SOLL MAN TRENNEN zwischen Unrecht und Recht, wenn man sieht, wie aus wie morastigen Böden nicht selten die üppigsten Ernten entspringen, und vor allem: wie die Fehler, für welche man eben noch einen anderen vor Gericht stellen mochte, nicht nur den Motiven nach in einem selbst wurzeln, sondern im Untergrund sich miteinander verbinden, so daß keine Schuld ist ohne entsprechende eigene Mitschuld?

Grenzgänger 441

DIE FRAGE STELLT SICH NICHT MEHR, ob „der" Mensch „wesenhaft" „böse" sei und ob er „von Natur aus" „ungehorsam" Gott gegenüberstehe; die Problemstellung kann einzig lauten, wie verzweifelt ein Mensch eigentlich sein muß, wenn er ... nur noch Zorn und Zerstörung im Sinn trägt. Auf Verzweiflung läßt sich nicht antworten mit moralischer Strenge, – nur mit einer Milde, die aus innerer Stärke stammt.

Vom Ungeheuren, ein Mensch zu sein 409

„GOTT WOHNT IN KEINEM TEMPEL AUS STEIN, und er bedarf keiner sakralen Riten und Opfer; Gott wohnt in jedem Menschen, der leidet; und was er will, ist einfache Güte, Verstehen und Menschlichkeit. Menschen aber sind überall unter der Sonne, gerade so, wie Gott selber die Sonne aufgehen lässt über Gute und Böse, Gerechte und Ungerechte. Da gibt es, wenn Ihr es recht versteht, nichts auszugrenzen und auszumerzen, nur anzunehmen und aufzunehmen."

So einfach lautete die Botschaft des Propheten aus Nazareth.

Glauben in Freiheit 15 f.

GIBT ES ÜBERHAUPT einen „Täter", der nicht zuvörderst selber zum „Opfer" geworden ist? Muß nicht, ehe ein Mensch einen anderen tötet, in ihm selbst seine Seele gemordet worden sein? Verrät nicht jedes Verbrechen unter anderem auch die Gebrochenheit der menschlichen Verflechtungen, die es gewaltsam zerbrach? ... Jeder Mensch, der anderen Leiden zufügt, ist selbst als jemand zu betrachten, dem auf bestimmte Weise Leid zugefügt wurde, und nur wenn man diesem Leid nachgeht, kann es gelingen, ihn wieder zu seiner Menschlichkeit zurückzugeleiten. Oder anders gesagt: Niemandem, der wirklich in Not ist, vermag man zu helfen mit der Pose des erhobenen Zeigefingers, einzig mit der verbindlichen Gebärde einer ausgestreckten, offenen Hand. Ein Mensch kann nicht einfach gut sein, wenn er will; ergänzen wir diese Erfahrung: Er vermag nur gut zu sein im Gegenüber einer Güte, der er vertrauen kann, daß sie ihn absolut meint, – daß er in ihren Augen „berechtigt" ist.

Hat der Glaube Hoffnung? 22

WER DEN WAHNSINN DER MENSCHEN mit Gewalt vernichten wollte, der müßte augenblicklich die ganze Menschheit vernichten … Doch, Gott sei Dank, tut Gott das nicht! … Eben *weil* der Mensch abgrundtief *schlimm* ist, gibt es auch für Gott … allem Anschein nach keinen anderen Weg mehr, als diesen Menschen durch die Geschichte zu begleiten, statt ihn mit immer wüsteren Strafgerichten im Zaume zu halten.

Jesus von Nazareth 150

BEREITS HÖHER ENTWICKELTE TIERE werden in Gefahrenmomenten von *Angst* heimgesucht; sie merken, daß ihr Leben bedroht ist, und versuchen, der jeweiligen Gefahr zu entkommen. Auch wir Menschen haben Angst vor dem Tod, doch anders als jedes Tier wissen wir unser Leben lang, daß wir im letzten dem Tod nicht entlaufen können. In der Sprache der Mythen spricht da die „*Schlange*", der verschlingende Rachen des Nichtseins, mit uns und stellt uns die Frage, wie wir mit der Angst umgehen, die zu unserer Existenz als Menschen gehört ... Aus der Angst, als Mensch stets zu wenig, nur „Staub der Erde" zu sein, versucht ein jeder von uns, aus seinem Leben so viel wie möglich zu machen, etwas Absolutes, das man ohne Widerspruch anerkennen muß.

Doch dieses Streben, „wie Gott zu sein", offenbart nur umso deutlicher, wie hilflos und „nackt" wir Menschen in Wahrheit sind, und so dreht die Spirale der Angst sich unrettbar immer weiter.

Nicht einen Akt des „Ungehorsams" oder des „Stolzes" beschreibt daher das Symbol der „Erbsünde", sondern es kennzeichnet die Deformation eines Daseins, das von Grund auf durch Angst geprägt ist. Eben deswegen ist es nicht möglich, auf die Not des menschlichen Daseins mit moralischen Mitteln, mit Geboten und Appellen, zu antworten. Die Angst eines Menschen löst sich nicht mit Willensentschlüssen und guten Vorsätzen, sondern nur im Gegenüber einer Person, der er absolut vertrauen kann; dann auch begreift er erst, wie sinnlos all die verzweifelten Fluchtmechanismen der Angst, die vormals so unvermeidbar schienen, in Wirklichkeit sind. Erst wenn ein Mensch das Gefühl wiederbekommt, trotz allem geliebt zu werden, wird er auf dieser Welt wieder zu Hause sein. Dann erst, als ein „durch Gnade" „Erlöster", vermag er den Zustand der Verzweiflung seines Daseins aus Angst als etwas Unnötiges, als „Daseinsschuld" zu begreifen. Nicht zur Anklage, sondern zum tieferen Verstehen des Menschen in seiner Entfremdung sollte die Lehre von der „Erbsünde" dienen.

Hat der Glaube Hoffnung? 303 f.

DIE KIRCHLICHE LEHRE von der Sünde als Ungehorsam wird bis heute so nachdrücklich gepredigt, weil gerade sie das patriarchalische Herrschaftsverhältnis als göttlich festschreibt und die Einsicht versperrt, daß dieses Gottesbild insgesamt nichts weiter ist als eine Überhöhung patriarchaler Gesellschaftsstrukturen ins Absolute. Doch mit der Verabsolutierung des Ungehorsams als der „Sünde" schlechthin geht notwendig einher ein ständiges Schuldgefühl im Sinne einer ständigen Strafgewärtigung von Seiten der Vaterautorität und schließlich, als der gewünschte Erfolg, die Unterwerfung unter den fremden Willen der Autorität bis hin zur Selbstentfremdung ... Alle *Ethik* ist in einer solchen Kultur ein Ausdruck von Herrschaft und Angst. In einer am *Sein,* statt am *Haben* orientierten Kultur hat „Sünde" weit eher die Bedeutung, die dem Wort etymologisch zukommt: eine *Ursonderung* zu sein.

Jesus von Nazareth 516 f.

KANN MAN EINEM MENSCHEN in moralischem Sinne vorwerfen, daß er etwas (alles) falsch macht – aus Angst? Das kann man nicht; man muß, will man ihm helfen, vielmehr seine Angst beruhigen. Kann man ihn also freisprechen, weil er aus Angst sich selbst verloren hat? Auch das kann man nicht; man muß, will man ihm helfen, vielmehr immer von neuem an seine Verantwortlichkeit appellieren, damit er die Freiheit, die er in der Angst floh, in einem Akt neuen Vertrauens zu leben wage. In gerade dieser Zweideutigkeit hält sich jede psychologische „Erklärung", die der Angst aus Freiheit gewidmet ist. Wenn die Bibel erzählt, daß *der* Mensch („Adam"), *also jeder* Mensch, sündigt aus Angst, so liegt das „Schuldhafte" offenbar darin, inmitten der Angst die Spannung, aus welcher die Freiheit selbst entsteht, das Verhältnis von Endlichkeit und Unendlichkeit, unter dem Lastgewicht der eigenen Existenz zu verkürzen und sich wie zur Erleichterung von der unerträglichen Qual, Geist zu sein, an das *Endliche* zu klammern wie ein Ertrinkender an ein Stück treibenden Holzes.

Atem des Lebens I 654 f.

ALLES, WAS LEBT, teilt mithin die gleiche Bedürftigkeit und eben deshalb ist alles berufen zur Einheit eines Mitgefühls der Schonung und der Güte … Einzig das Gefühl solcher Liebe vermag die Erinnerung an das „Paradies" unseres Wesensursprungs wachzurufen. Überlagert, verformt, verhindert wird es zutiefst durch das Empfinden der Angst, dargestellt in dem Symbol der „Schlange" der biblischen „Sündenfallerzählung" (Gen 3,1–7). Es gab und gibt auf Erden nur eines, was Gott den Menschen verbieten mußte: nie sollten sie wissen, was es bedeutet, nichts als Geschöpf zu sein ohne den Schöpfer, und doch wird immer wieder der Augenblick kommen, da sie der radikalen Zufälligkeit und Nichtigkeit inne werden, die darin liegt, bloß „Staub der Erde" zu sein; bildlich gesprochen, beginnt unvermeidlich die „Schlange" (des Nichtseins, des Abgrunds) mit ihnen zu reden, und immer wieder entsteht im Herzen der Menschen eine namenlose Angst, aus deren Strudel auftauchend sie alles ringsum mit anderen Augen sehen: aus dem Glück der Liebe wird ein peinigendes Schamgefühl, unter den Augen des anderen sich eine Blöße zu geben – man wird ihn zu beherrschen versuchen, um von ihm nicht gedemütigt zu werden (Gen 3,16); die Welt als ganze erscheint jetzt als sperrig und fremd – man muß ihr die Nahrung, die sie freiwillig nicht mehr bereitstellt, durch mühsame Arbeit abringen (Gen 3,17), und selbst die Tiere hören auf, Gefährten zu sein – sie werden gefährlich (Gen 3,15); die Weitergabe des Lebens sogar ist gebunden an Schmerz und Erniedrigung (Gen 3,16). *So* eine Welt, die aus lauter Angst die Geborgenheit in den Händen Gottes verloren hat: sie ist „wissend" darin geworden, wie unheilvoll, qualvoll, wie ungut (wie „böse") unser Leben im Grund sich gestaltet, wenn es des Vertrauens in seinen Schöpfer enträt. Dann wird es gnadenlos hart, dann beginnt statt des Lebens die Praxis des Unlebens, dann hebt an der Kampf ums Überleben, die Geschichte der mörderischen Konkurrenz um das verlorene Ansehen, – die Grundfigur des Daseins im Bilde von Kain und Abel (Gen 4,1–16). Selbst rückwärtsgewendet, werden die Menschen von Gott nur noch ein Schreckbild wahrnehmen können, versperren doch, mythisch gesprochen, seither zwei Kerube mit dem Flammenschwert den Eingang des „Paradieses" (Gen 3,24). Als Vertriebene und Fluchtgejagte, als Exulanten der Existenz, empfinden die Menschen sich jenseits von Eden, und es ist dieses Leidvolle in ihrem Dasein, das sie zwingt, sich selbst und einander endlos Leid zuzufügen.

Jesus von Nazareth – Bild eines Menschen 25; 27

WIE GELANGT EIN MENSCH DAHIN, mit „ganzem Herzen“ zu lieben und mit „ganzer Seele“ und mit „ganzem Gemüt“ und mit „allen Kräften“? Ohne die Einzelheiten dieser Formulierungen erörtern zu wollen, ist doch deutlich, daß die Haltung, die Jesus als „Frömmigkeit“ vorschwebt, mit der Überwindung aller (neurotischen) Zerspaltenheit der Seele und der menschlichen Wirklichkeit einhergeht. „Richtig“ leben kann nur, wer *ganz* zu leben vermag; alle „Sünde“ aber ist als erstes eine „Sonderung“.

Im Anfang 1169 f.

DAS WORT „SÜNDE“ IST DERART VERSTAUBT, verfeierlicht und mystifiziert, daß so recht niemand mehr etwas damit anfangen kann. Würden wir *statt* „Er vergab die Sünden“ sagen: „Er kämpfte gegen jede Art von Außenlenkung, Unterdrückung, Angstabhängigkeit und verinnerlichter Gewalt“, dann würden wir die Dinge beim Namen nennen.

Das Johannesevangelium I 123

WENN WIR VON SÜNDE HÖREN, haben wir Assoziationen nach Maßgabe unserer Beichtmoral im Kopf. Da ist hier und da ein Gebot übertreten worden, und das regulieren wir. Was Jesus vor Augen hat, sind jedoch nicht diese Banalitäten der bürgerlichen Versagenszustände; worum es ihm geht, ist ein Leben, das sich verloren hat, und so sollten wir vielleicht, um den Ernst der Auseinandersetzung Jesu wiederzugewinnen, von Sünde einmal ein paar hundert Jahre lang gar nicht mehr reden, wohl aber von Ausweglosigkeit, Hilflosigkeit, Verzweiflung und Scheitern. Wenn wir einen Menschen vor uns haben, der nicht mehr ein noch aus weiß, dann sehen wir, was Jesus sah.

Wenn der Himmel die Erde berührt 23

JE SCHLIMMER DAS IST, was wir einander antun, desto deutlicher erklärt es sich in den Augen Jesu durch die „*Abwesenheit*" Gottes, und zwar eben nicht, weil Gott nicht „da" wäre, sondern weil die Menschen ihm „fern" sind, – weit fort vom Land ihrer Heimat, vom *Garten Eden* in der Ausdrucksweise des biblischen Mythos vom „Anfang".

Der sechste Tag 19

ES IST SEHR DIE FRAGE, was wir als Menschen uns zu leben trauen. Gehen wir nur von diesem einen Satz am Anfang aus: Nur Staub bist du (vgl. Gen 3,19) – dann werden wir uns verzweifelt ins Leben stürzen, um uns und jedermann zu beweisen, daß wir kein Dreck sind ... Und wir werden ringsum ein Klima der Mitleidlosigkeit verbreiten: der andere neben uns ist auch nur Staub, auch ihn zwingen wir in den gleichen Kampf der Konkurrenz, in dieselbe unerbittliche Tretmühle des Vergleichs. Wer leistet mehr, und wer steht besser da, und wer ist menschlicher darin, daß er unmenschlicher das eigene Wesen, die eigene Staubnatur verleugnet? ... Vor Gott ist dies am Ende das einzige, was uns retten kann: einzugestehen, wie wenig wir sind. Und vor uns selber und den anderen – ist es da nicht genau so, daß wir erst mitleidiger leben, wenn wir über den großartigen Aufbauten des fremden Lebens den Hintergrund der Not nicht aus den Augen verlieren? Der andere ist dann weniger bedrohlich, und wir sind ihm menschlicher.

Leben, das dem Tod entwächst 10 f.

DAS CHRISTENTUM VERSTEHT SICH gerade nicht als eine Gesetzesreligion, für die es genügen würde, die moralische Mahnrede zu intensivieren oder mit prophetischem Kalkül im Namen Gottes den Menschen zu drohen, damit sie sich am Ende den Geboten gemäß konform verhalten ... Was eigentlich muss passiert sein, ehe ein Mensch etwas Böses tut? Der vermeintlich böse Wille hat in der Regel eine lange Vorgeschichte. Und so ist das Böse kein moralisches Problem mehr, sondern es übersetzt sich in die Psychologie und in die Anthropologie. Die Frage heißt dann im Sinne Jesu (oder Pauli): Wie erlöst man einen Menschen von dem Bösen? Das verändert die Perspektive total. Es ist das Ende der Gesetzesreligion. Die Zehn Gebote mögen immer noch als Parameter, als Maßstab dienen, um die Entfernung zwischen Sein und Sollen auszumachen. Aber wichtig ist, wo man einen Menschen antrifft. Eigentlich weiß jeder Mensch, was er tun sollte. Es war ein merkwürdiger Gedanke – noch der mittelalterlichen Philosophie sogar des Thomas von Aquin –, dass ein Mensch niemals das, was er tut, unter dem Aspekt des Bösen tut. Um etwas tun zu können, muss die Vorstellung herrschen, dass etwas Gutes geschieht.

Die zehn Gebote 16

WER DEN MENSCHEN einfach für ungebrochen gut hält, dem mag es genug scheinen, Gebote zu erlassen, nur sind sie im Grunde schon überflüssig, da ein wirklich guter Mensch von innen her wissen wird, was richtig und falsch, was gut und böse ist. Die Menschen aber, denen man es eigens sagen muss, die mitten auf der Wanderung und schattenverwirrt sind, brauchen etwas anderes als nur das Donnern vom Berge in der Sprache der Gesetze. Viel wichtiger als alle Zehn Gebote ist es, am Berg zu sein und die Gottheit zu sehen, alles weitere dann wird die Folge sein.

Den eigenen Weg gehen 97

EIN MENSCH KANN überhaupt nur gut sein, wenn er einer Güte begegnet, die ihn absolut meint.

Die zehn Gebote 18

DAS GANZE LEBEN kann sich selbst entgleiten, wenn es keine Möglichkeit mehr gibt, die basale Angst im Untergrund der Existenz durch einen Akt des Vertrauens zu überwinden; und diese Feststellung bildet nun den Anknüpfungspunkt für die weit schwierigere Frage, die sich uns jetzt stellt: was den Menschen böse macht.

Zu allen Zeiten hat die Religion auf diese Frage zu antworten versucht und darauf antworten müssen; je nach der Art ihrer Diagnose fiel dabei natürlich auch die Art ihrer Therapie unterschiedlich aus. In jedem Falle aber bestand eine gewisse Ahnung, daß es nicht möglich sei, mit den Mitteln der Moral und des Rechtes: mit der Anstrengung des Willens und der Klarheit der Gebote auf das „Böse“ im Menschen zu antworten. Die Moral kommt zu spät, um dem Menschen wirklich zu helfen; sie lindert nicht seine Not, sie vermehrt sie.

Diese Entdeckung wird uns in das Zentrum nicht nur der gesamten Botschaft Jesu, in den Kern dessen, was „Christentum“ eigentlich sein sollte, führen, sondern sie wird uns vor allem dabei behilflich sein, uns selber in all den Momenten besser zu verstehen, da wir Dinge tun, die wir im Grunde gar nicht tun wollen.

Glauben in Freiheit II 40 f.

DIE NEIGUNG DER MORALISTEN ist groß, mit immer neuen Abwehrmaßnahmen einen Deichbruch zu verhindern, der umso sicherer droht, je mehr der Druck hinter den Staumauern der moralischen Versperrungen von Tag zu Tag weiter wächst. Das religiöse Genie Jesu bestand demgegenüber darin, daß er mit aller Energie den Teufelskreis der schriftgelehrten Moralisiererei durchbrechen wollte; nicht wie man die Menschen noch mehr an die Leine von Zucht und Ordnung legen könnte, sondern wie es möglich wäre, ihrer seelischen Not nachzugehen und sie zu heilen, ja, zu erlösen, wurde die zentrale Frage des Mannes aus Nazareth. Natürlich löste er mit dieser Verschiebung der ganzen Fragestellung einen Erdrutsch neuer Ängste und Abwehrmechanismen aus; aber es hilft nichts: Was den Menschen wesentlich fehlt, ist nicht die Erneuerung von Geboten und Strafmaßnahmen, sondern ein tieferes Vertrauen in die „Herrschaft Gottes“. Ohne dieses helfende und heilende

Moment einer bedingungslosen Akzeptation läßt sich die ganze Bergpredigt nur mißverstehen.

Das Matthäusevangelium I 445

HÖRT AUF, das Böse überwinden zu wollen durch das Böse. Bekämpft nicht ewig die eine Hölle, indem ihr die andere öffnet. Setzt die Kraft der Liebe gegen alles, was zerstört; sie ist das einzig Konstruktive.

Reden gegen den Krieg 104

SCHAUT MAN GENAU HIN, so werden die meisten sich an bestimmte Gesetze und Weisungen zu klammern suchen, so wie sie sie gelernt haben. Der Grund dafür sind die Angst vor der Verurteilung durch andere oder vor dem inneren Chaos, die Macht der Gewohnheit und die Stärke der Schwerkraft. Es gibt die Tradition, es gibt die Institutionen, es gibt die Vorschriften, es gibt die Anweisungen, die Gesetze. Nicht aus Überzeugung, sondern weil „man" so handeln und so leben muß, handelt man eben so. Innerlich aber wird man den Eindruck nie los, daß die Freiheit jenseits der Grenzen beginne und jenseits davon ein unerhörtes Reservoir an Glück warte, könnte man es nur wagen. Alle Menschen des Zwangs haben Angst vor der Freiheit und vor dem Verlangen nach der Freiheit. Für sie ist die Freiheit eine ständige Versuchung, die sie in sich selber und bei ihren Mitmenschen mit Druck und Gewalt wegdrängen müssen. Die sogenannten Sünder, Asozialen, Gescheiterten und verkrachten Existenzen müssen sie mit den Füßen treten, damit sie selber in Ruhe durchs Leben gehen können. Denn Strafe muß sein. So hat man ihnen beigebracht, so leben sie selber. Wofür sind Gesetze da? Und könnte man sie ohne Maßgabe der Gerechtigkeit brechen, wo bliebe dann die Ordnung? Die Pharisäer und die Schriftgelehrten aller Zeiten werden Jesus nie vergeben, daß er eine andere Form, vor Gott und den Menschen zu leben, verkörperte … Selber müssen wir uns fragen, wo wir stehen und wo wir hingehören. Es gibt nur eine Form, gut zu sein, das ist die Güte selber. Sie richtet sich nicht nach Gesetz, Druck, Strafe und Gewohnheit, sie richtet sich nach der Einheit, in der alle Menschen vor Gott Brüder sind.

Leben, das dem Tod entwächst 98; 101

WER PHILOSOPHISCH AUF DEM BODEN der Ethik verbleibt, wird beim Sprechen von Gerechtigkeit dem Leiden der Menschen nicht richtig gerecht, nicht wirklich gerecht … Um menschlich ‚richtig' sein Leben auszurichten, bedarf es des Glaubens an einen Gott, der jenseits des ‚Rechts' jeden Einzelnen bei der Hand nimmt und an einen ‚Ort' führt, an dem er aus allen Verwirrungen zu sich selber zurückkehren kann.

Liebe, Leid und Tod 715

VERGEBUNG UND EWIGES LEBEN, – das sind die zwei Hände, die Gott uns entgegenstreckt, auf daß unser Dasein inmitten all seiner Not darinnen zur Ruhe gelange.

Liebe, Leid und Tod 725

Erfüllend?

oder:

der notwendige Andere

WENN IRGEND WIR ETWAS HIMMLISCHES AHNEN, liegt es in diesem Wort: „Du aber bist für mich notwendig!"

Ein Mensch braucht mehr als nur Moral 301

WIE, WENN DIE SONNE ALS BILD des menschlichen Daseins im Sinne der alten Ägypter eine Botschaft enthielte zugunsten des Lebens und gegen den Tod? Dann müßte man der menschlichen Sehnsucht eine Berechtigung zusprechen, die sich nicht an der äußeren Wirklichkeit mißt, sondern an der Wirkung, die sie auf die menschliche Seele ausübt.

Grenzgänger 243

DIE FRAGE ... lautet, wie wir mit all diesen „Wünschen", die zu unserem Menschsein gehören, inmitten einer Welt zu leben vermögen, die an jeder Stelle die Unerfüllbarkeit dieser „Wünsche" signalisiert.

... und es geschah so 855

WIR MENSCHEN TRAGEN wesensnotwendig die Sehnsucht nach Unendlichkeit in uns; wir verzehren uns aus Durst nach Unsterblichkeit; und wir müssen schon sehr weit in der Verzweiflung abgestumpft sein, um solche Gefühle gar nicht mehr zu kennen. Ja, wir müßten unsere Seele schon sehr stranguliert haben, um uns in den Kategorien des Endlichen zur Ruhe zu setzen und den seelischen Erstickungstod des Alltags beinahe wie eine Erleichterung von allen wesentlichen Fragen zu begrüßen. Nein, für jemanden, der in der Wüste verdurstet, ist der Durst ein *Beweis,* daß es Wasser geben muß, selbst wenn an dem Ort, da er lebt, weit und breit kein Wasser zu finden ist. Daß es Durst gibt, zeigt unwiderleglich, daß es Wasser gibt, denn ohne das Wasser gäbe es keinen Durst. Und so ganz analog: Daß wir Menschen an Gott denken können, zeigt, daß es ihn gibt, denn sonst würde in unseren Kopf ein solcher Gedanke gar nicht hineinkommen können; und schon weil wir uns nach der Unendlichkeit sehnen, zeigt dies, daß wir aus dem Unendlichen kommen und in das Unendliche gehen.

Das Markusevangelium II 279

IMMER WIEDER HAT SICH DIE FRAGE ERHOBEN, ob Gott nur eine Vorstellung unseres Geistes sei, ein Traum unserer Sehnsucht inmitten des Leids, eine illusionäre Hoffnung angesichts unserer Enttäuschungen, eine gedankliche Rechtfertigung für unsere Schuld und die Verwirrungen unseres Lebens. Man hat gemeint, daß Gott ein Bild ist, das wir Menschen uns entwerfen, entsprechend den Orten, an denen wir leben, den Gegebenheiten des Raumes und der Zeit, der Einrichtungen unserer Gesellschaft. Aber das Wunderbare ist, daß die Idee eines unendlichen Wesens überhaupt Platz greifen kann im Geist von Gebilden aus Staub, die wir sind, vergänglich und nichtig; und unsere Sehnsucht und Hoffnung selbst, ja sogar unsere Enttäuschung und unsere Schuld ist in gewissem Sinn wie ein Beweis für Gott.

Daß alle eins seien 119

DASS DIE SEHNSUCHT nach der Unendlichkeit und die archetypischen Symbole eines ewigen Lebens, die wir in uns tragen, eine *objektive* Wahrheit bezeichnen, läßt sich nur unter der Voraussetzung annehmen, daß Gott existiert und daß er kein Gott ist, der mit der ganzen Einrichtung seiner Schöpfung uns hat in die Irre führen wollen. Diese Voraussetzung aber läßt sich nicht mehr logisch deduzieren; daß ein gütiger Gott ist, kann als Überzeugung nur aus einem Glauben entspringen, der durch eine andere glaubwürdige Person vermittelt worden ist.

Das Markusevangelium II 707

WIE ANDERS VERLÄUFT UNSER LEBEN, wenn wir nur erst wissen: es gibt einen anderen, es gibt Gott als den schlechterdings anderen, und er möchte, daß wir sind, er freut sich mit unserer Freude, er ist glücklich über unser Glück, er leidet mit unserem Leid …

Johannesevangelium I 469

DIE ERFAHRUNG, DIE WIR CHRISTLICH NENNEN, besteht … darin, Bleibe nur finden zu können in der Nähe eines Menschen, der nicht weggeht, der nie weggeht. Erst eine solche Zuversicht schafft die Ruhe, nach der wir uns sehnen. Die „Versunkenheit", das „Bleiben" … findet statt in einem Austausch ohne Worte; sie ist ein einfaches Miteinandersein, ein gemeinsames Zueinander-Kommen unter den Augen dessen, der unausgesprochen und schweigend zwischen ihnen vermittelt; dieses Zwischen, dieser Grund allen Vertrauens, ist das, was Jesus selbst seinen (und unseren) „Vater“ nennen wird und worin er sein „Bleiben“ gefunden hat.

Das Johannesevangelium I 92 f.

DER ALKOHOLRAUSCH, der Supergewinn im Spiel, das Aufputschmittel, das alle Müdigkeit vergessen macht, – immer läuft es darauf hinaus, nach den Sternen zu greifen, weil man die Bedingungen der irdischen Existenz nicht länger erträgt. Wer nimmt einen solchen unglücklich Träumenden bei der Hand und zeigt ihm die Schönheit und Größe der Wirklichkeit seiner eigenen Existenz? … In gewissem Sinn verlangt alle Sucht mit der Unersättlichkeit eines chronischen Ungenügens an allem Irdischen nach einem Absoluten an Befriedigung, und nur wer des Menschen Hunger nach Unendlichkeit zu sättigen vermag, vermag ihm diese Welt als bewohnbare Heimat zurückzugeben.

Jesus von Nazareth 22

WER DENN, WENN ER DEM ANDEREN SAGT: „Du bist mein Ein und Alles“, redete *nicht* zu ihm und von ihm in den Begriffen des Göttlichen? Und wer, wenn er so tut, gibt nicht Zeugnis von seiner Überzeugung, daß er in „Gott“ die Liebe, sein eigenes Empfinden, selber vergöttlicht? Doch, mag man einwenden, ist das nicht (fast schon so etwas wie) Gottes*lästerung?* Darf man überhaupt den Menschen, die Liebe zu einem Menschen so hoch bemessen? … Unausweichlich wird der Liebende wie von selber merken, daß der andere, den er ins Herz geschlossen hat, *kein* „allervollkommenstes Wesen“ darstellt, daß er *nicht* Gott ist, sondern nur sein erstes, wichtigstes *Gottesbild,* und daß es darauf ankommt, den *Archetypus* von „Mutter“ und „Vater“ nach und nach von ihm zu *lösen,* um ihn, als einen „einfachen“ Menschen, wirklich so, wie er ist, lieben zu können. Es ist der Schimmer des Göttlichen, der den anderen liebenswert macht, doch indem der andere in seiner Liebe auf Gott *verweist,* braucht er selber nicht länger mehr „Gott“ zu sein. Die „Inkarnation“ des Göttlichen in der Liebe ist erneut nie anders denn als eine Chiffrensprache menschlicher Reifung zu verstehen, die darin besteht, im Fremden das Eigene zu finden, um im Eigenen die unendliche Sehnsucht nach dem ganz Anderen zu entfalten.

Der sechste Tag 354 f.

GOTT IST EINE MACHT, deren Wirklichkeit darin liegt, daß sie das menschliche Herz zu ordnen vermag; und die Leistung des Mannes aus Nazareth bestand wesentlich darin, diese „Ordnungsmacht“ des menschlichen Herzens allein in der Liebe gesehen zu haben …, einzig in der Liebe. Sie nannte er Gott – ein Licht ohne Finsternis (1 Joh 1,5).

Der sechste Tag 18

UNERLÄSSLICH SCHEINT ES nur zu sein, die Sehnsucht nach einer vollkommenen Angstberuhigung in der Nähe einer anderen absoluten Person *von dem Gegenüber der konkreten menschlichen Person zu lösen.* Es wäre ganz gewiss eine

Illusion, *in einem anderen Menschen* etwas Absolutes sehen zu wollen, aber die Sehnsucht, es müsste etwas Absolutes an Halt und Geborgenheit geben, muss deswegen in sich selber noch lange keine Illusion sein. Im Gegenteil, es scheint umso leichter möglich, alle absoluten („kindlichen") Erwartungen von den Menschen zu lösen, als sich ihre Inhalte ins Absolute projizieren. Das Mutterbild beziehungsweise das Vaterbild erweitert sich dann zum *Gottesbild.*

Glauben in Freiheit 374

DAMIT DER MENSCH MEHR IST und anders ist als die Welt, die er vorfindet, bedarf er unbedingt einer Transzendenz, die seiner Menschlichkeit Halt ist und Stütze gibt … vor allem: um die Absolutheit jeder einzelnen Person inmitten dieser anonymen, kybernetischen Maschinerie der Welt als letztverbindlich anzunehmen, bedarf es der Bewegung der Unendlichkeit: – weg aus dem Endlichen mit seinen notwendigen Widersprüchen und absurden Ambivalenzstrukturen zur Absolutheit der Person, die Gott ist, eindeutig und rein, doch nicht um diese Welt zu fliehen, im Gegenteil: um von Gott her in diese Welt, ohne je zu begreifen, wie sie seine Schöpfung sein kann, zurückzukehren mit dem Willen und der Festigkeit, ihr standzuhalten … Der Glaube an eine unbeweisbare jenseitige Wirklichkeit ist, wie man sieht, gerade nicht eine Form des Ausweichens, sondern umgekehrt: des unabweisbaren Eintretens, er ist der Anker eines in sich ruhenden Widerstands; nur er läßt wirklich klar sehen, macht er doch fähig, die unmenschliche Absurdität in den Strukturen von Welt und Geschichte als das Inakzeptable allererst zu entdecken.

Grenzgänger 165 f.

TANTALOS LEBT WIE EIN GOTT. Er hat alles. Er weiß alles. Er kann alles. Und dennoch entgleitet ihm alles. Im Versuch, es zu haschen, huscht es hinweg. Das ersehnte Glück – es scheint ihn zu fliehen. Wonach immer er greift, es entgeht ihm. Ein Tantalos kann nicht genießen. Er ist wie ein Süchtiger. Er wird niemals satt. Er kennt keine Ruhe, – nur Angst und Getriebenheit. Er findet keine Stille, – nur Lärm und Gedröhn und Gestöhn. Er hat kein Verhältnis zur Dankbarkeit, – er, der lebenslang anderen geben mußte, was er besaß, hat nie gelernt, sich beschenken zu lassen. Er kann nichts bei sich behalten. Er kann nichts zu sich nehmen. Er kann in weitestem Sinne nichts an sich heranlassen.

Und so wird Tantalos, der Opferer seines Sohnes, zum Sinnbild und zur Offenbarung des Fluchs, der notwendigerweise auf jeden Lebensentwurf sich legt, der ganz und gar in den Bahnen einer rein immanenten ökologischen und ökonomischen Weltsicht zu bleiben gewillt ist. Ein Dasein, dem es einzig um Daseinssicherung geht, fällt zurück in die fundamentale Haltlosigkeit und radikale Ungesichertheit, die wesentlich dazugehört, daß wir nur Menschen sind. Wer die Angst vor dem immer Zuwenig des eigenen Lebens zu überwinden versucht, indem er so viel an Nutzen als möglich aus sich herauspreßt, der wird nur umso verlangender das Ungenügen all seines Bemühens zu spüren bekommen. Und ein Lebenskonzept, das nichts weiter will, als genießen und glücklich sein, wird in dem Unglück der eigenen Genußunfähigkeit sich eingesperrt fühlen wie in einem Kerker. Da steht Tantalos bis zum Halse im Wasser, doch er kommt nicht zum Trinken; da streckt er sich hungrig nach den Früchten der Bäume, die zum Greifen ihm nah sind, doch er kann sie nicht fassen. Er dürstet und hungert in ewiger Qual in einem Durst, der nur im Ewigen gestillt werden könnte, und in einem Hunger, der mit allen Nahrungsmitteln der Erde keine Sättigung findet. Das, wonach Menschen verlangen, ist unendlich viel mehr als alles Endliche, und nur dort, im Unendlichen beruhigt sich der Durst ihres irdischen Daseins und der Hunger ihrer kreatürlichen Hinfälligkeit nach wirklichem, ewigem Leben. – Wie läßt *Tantalos* sich aus dem Tartaros holen? … Gewiß, es gibt den elementaren Durst des Körpers nach Flüssigkeit; doch was, wenn diese Art Durst sich beruhigt hat? Dann wird man alsbald entdecken, daß es noch eine ganz andere Art von Durst und Bedürftigkeit gibt, die dem Leben allererst seine Richtung und seinen Sinn verleiht. – Ein Mensch will nicht nur leben, er will wissen, wozu er lebt, und das sagt ihm einzig die Liebe … Kein Mensch kann in seiner Begrenztheit so lieben, daß es im Absoluten die angstvolle Frage nach dem Wert der Person eines Einzelnen wirklich beruhigt. Die Person eines anderen kann mit ihrer Liebe den absoluten Wert, die Schönheit, die Wahrheit und Größe eines einzelnen Menschen erkennen, doch von ihrem Urteil hängt es nicht ab. Sie kann nur in einem sonst dunklen Kerker ein Fenster aufschließen zum Licht, das aus der Sphäre des Göttlichen in den Innenraum des Verlieses unserer irdischen Gefangenschaft hereinströmt. – Ein solches Fenster zum Absoluten und Unbedingten der Liebe wollte Jesus uns sein. Alle Religion, bis dahin gebunden an äußere Lokaltraditionen und konfessionelle Sonderdoktrinen, verwandelt fortan ihre Form und vergeistigt sich selbst zu einer Unmittelbarkeit des Vertrauens, in welcher Gott selber dem Menschen sich mitteilt in dem Geschenk seiner Liebe.

Grenzgänger 207–209

DIE ANBETUNG Gottes ist die Freiheit des Menschen; und eine andere Freiheit gibt es nicht.

Das Matthäusevangelim 1 338

Verbindend?

oder:

Jesus, die Brücke zu Gott und zu den Menschen

JESUS FORDERT DIE JÜNGER lediglich auf, mit ihm zu kommen und selber zu sehen. Mit Erstaunen hört man da völlig richtig. Religion, so verstanden, besteht in keiner Form in der Mitteilung einer inhaltlichen Lehre, sie legt niemals einen anderen Menschen auf das Vorbild der eigenen Biographie fest, sie ist als erstes ein Weg zu einer eigenen Einsicht, zu einer eigenen Erfahrung.

Das Johannesevangelium I 91

EINZIG DIE ERFAHRUNG, daß eine bestimmte, sonst unauflösliche Situation der Angst und der Enge sich öffnet in der Nähe des Mannes aus Nazareth, begründet einen Glauben, der über den Abgrund trägt.

Jesus von Nazareth 38

VON JESUS LÄSST SICH SAGEN, daß er imstande gewesen sein muß, ein Klima zu schaffen, in dem im Verlauf von Jahrhunderten all die Bilder ins Leben gerufen wurden, in denen allein ein Mensch den Weg seiner Ganzwerdung zu finden und von Gott in den ewigen Symbolen der Religion auf heilende Weise zu träumen vermag.

Tiefenpsychologie und Exegese II 770

„DER MESSIAS IST EIN SOHN GOTTES." Es soll bedeuten: „Ein Mensch, der in Gott lebt, ist nicht auf der Ebene menschlicher Machtentfaltung zu bestimmen, er ist keine Marionette zum Erhalt menschlicher Machtausübung; er ist souverän und frei all den vermeintlichen Zwängen gegenüber, und eben deshalb kann er offen zur Menschlichkeit sein."

Das Matthäusevangelium III 140

DIES, DASS DER HINTERGRUND DER WELT kein dunkler Abgrund ist, sondern eine väterlicher Güte, das war es, worauf Jesus selber vertraute und worauf zu vertrauen er mit seiner Person uns lehrte. Jesus war das reine Vertrauen zu Gott und daher zu uns Menschen. Durch ihn können wir leben.

Daß alle eins seien 33 f.

ES IST MÖGLICH, Gott so nahe zu spüren, daß wir seine Kinder, seine Söhne, seine Töchter, sind, *Gottes* Söhne, *Gottes* Töchter *wir alle* und Jesus *Gottes Sohn* gerade darin, daß er uns eben dieses Vertrauen bringen wollte.

Das Johannesevangelium I 470

SEIT DEM AUFTRETEN JESU gibt es Gott als eine „väterliche" Macht – „für uns".

Im Anfang 1140

EINE ... VORBEHALTLOSE MÜTTERLICHE ZUGEWANDTHEIT und Achtung jedes Einzelnen bildete historisch wohl in der Tat den Kerninhalt der Botschaft, die Jesus im Namen

„seines“ Gottes an die Menschen richtete, sowie der ganzen Art, in der er insbesondere den „Kranken“ und den „Sündern“ zu begegnen suchte. Für ihn war Gott nicht der gestrenge Hüter hierarchischer Instanzen und Institutionen, sondern wesentlich der Hirte, der auf die Suche geht nach dem Verlorenen (Lk 15,1–7).

Eine solche Innerlichkeit und Innigkeit des Vertrauens auf einen gütigen, vergebenden, absolut zugewandten Gott verkörperte Jesus. Darin ohne Zweifel lag seine Menschlichkeit und seine Überzeugungskraft, aber auch das Risiko seines Einsatzes: Wer es unternimmt, den Menschen unmittelbar vor Gott zu stellen, macht überflüssig den Vermittlungsdienst von Priestern, Kultdienern, Gesetzesauslegern und all den anderen religiösen Autoritäten, die ihre Existenzberechtigung einzig der Angst verdanken, die sie Menschen vor Gott einzuflößen fähig sind. Natürlich werden diese Kreise sich mit allen Mitteln, die ihnen zu Gebote stehen, gegen eine derart umstürzende Neuerung zu wehren wissen: Der Lügenprophet und der Gotteslästerer aus Nazareth muß sterben! … Die Rückgewinnung Gottes, wie er wirklich ist, gegen die vielfältigen amtlichen Verstellungen, behördlichen Versperrungen und theologischen Verzerrungen bedeutete für Jesus ganz dasselbe, wie den Menschen ihre Menschlichkeit zurückzugeben.

Grenzgänger 120–122

JESUS VERTRAUTE AUF GOTT. Er machte ihn nicht … zum obersten Prinzip der Welterklärung … Die ganze Fragerichtung, in welcher der Mensch sich zum Richter des

Göttlichen macht, war Jesus zuwider. Auf Gott hin zu leben war sein Bemühen, aber nicht, von Gott her die Welt zu befragen beziehungsweise von der Welt her Gott in Frage zu stellen.

Der sechste Tag 228

ES IST DIE GANZE BOTSCHAFT JESU: Vertraut Gott! Wir müßten's langsam, schrittweise einüben. An jeder Stelle, überall dort, wo einer dem anderen ein Wort sagt, ein Lied singt, Vertrauen entgegenbringt, formt sich ein wenig vom Himmel auf Erden, und alles, was wir Erlösung nennen, ist, daß wir, verängstigte, geistverschreckte Tiere, uns bei der Hand genommen sehen, vorbei an den Wächterengeln mit dem Flammenschwert, zurück zum Baum in der Mitte des Gartens, und es wölbte sich über uns ein tröstlicher Himmel und es trüge uns eine gütige Erde und wir fänden uns wieder als Schwestern und Brüder.

Ich lasse dich nicht, du segnest mich denn 104

UNTER SEINEN [JESU] WORTEN setzte das Zerbrochene sich wieder zusammen; es sah die Einheit vor sich, aus der jener kam … Er vertraute auf Gott in einem Maße, daß er die Angst der Menschen überwand; er machte sich selbst so durchsichtig zum Himmel hin, daß die Menschen sich von ihm aus dem Dunkel ins Licht gehoben fühlten; seine Art, an Gott zu „glauben“, war identisch damit, an den Menschen, an jeden Einzelnen, Glauben zu setzen.

Jesus von Nazareth 243; 273

„ICH BIN DER WEG" (Joh 14,6), das heißt: „Alles, was ich bin, läßt sich nur erfahren, wenn ihr meine Art zu leben – ganz wörtlich im Griechischen: meine Methode – selber erprobt, Schritt um Schritt." Es geht demnach nicht an, die Sache Jesu intellektuell zu lernen und dann als fertiges „Glaubenswissen" herzusagen; es gilt vielmehr, etwas abzuschreiten, etwas unter die Füße zu nehmen, etwas als richtunggebend in die eigene Lebensgestaltung einzufügen.

Das Johannesevangelium II 127

JEDENFALLS IST ALLES, was wir mit dem Sohn Gottes verbinden, gebunden an den Menschen, den wir am meisten lieben, weil er uns Gott am nächsten gebracht hat: Jesus Christus. Ihn nennen wir schlechthin den Sohn Gottes, denn er hat uns versöhnt mit uns selber, mit der Flüchtigkeit unseres Lebens, mit der Quelle unseres Daseins.

Daß alle eins seien 127

JESUS MUSS SEINE TAUFE am Jordan wirklich erlebt haben wie einen Untergang, wie ein Ende, wie einen Tod … In dem Moment aber, wo Jesus bis zu diesem Äußersten kam, muß er gespürt haben, daß, wer sich Gott überläßt, einem anderen Gott begegnet. Die Sprache des Mythos, der Legende schon im Markus-Evangelium (Mk 1,9–11) sagt: in dem Augenblick seiner Taufe habe der Himmel sich vor Jesu Augen geöffnet, und innerlich, geistig, habe er sich Gott verbunden gefühlt, wie wenn Gottes Geist gleich einer Taube sich auf ihm niederließe und er ein Wort vernähme, ein neues: *Du bist mein geliebter Sohn ...* Was sich da formt, ist das Empfinden einer *grundlosen Bejahung.* Deshalb das Bild von Gott als dem *Vater* oder der Mutter, weil da etwas ist, von dem alles Leben kommt und ausgeht. Nur im Glanze dieser Güte, nur im Licht einer solchen Liebe wird ein Mensch jemals dahin kommen, zu wissen, wer er ist.

Das Johannesevangelium I 256 f.

EINZIGARTIG WAR JESUS, weil er es wagte, *frei* zu sein, indem er ganz und gar auf unsere Güte, auf unsere Menschlichkeit setzte. Einzig dies *war* seine „Andersartigkeit"!

Das Matthäusevangelium II 221 f.

ALLES VERLORENE, UNGLÜCKLICHE, AUSSICHTSLOSE muss Jesus auf eine sonderbare Weise herausgefordert und angesprochen haben; er sah seine eigentliche Berufung darin, die Barmherzigkeit Gottes bis dorthin zu tragen, wo noch niemals Menschen hatten glauben dürfen, in ihrem so verworrenen und verpfuschten Dasein berechtigt zu sein ... Jesus muß sich wirklich gefühlt haben wie ein Arzt, der zu Kranken gesandt ist. Mag sein, daß dies die Guten, die Richtigen, die Ordentlichen, die „Gesunden" nicht verstehen; Gott aber gibt einen Menschen nicht verloren, und er will nicht, daß man in seinem Namen ein- und ausgrenzt.

Das Markusevangelium I 243–245

JESUS IST NICHT DIE VERKÖRPERUNG DER MORAL. Er ist nicht der Prediger der Absolutsetzung des Ethischen. Im Gegenteil. Folgt man dem, was Jesus wirklich sagte, so mochte er nicht glauben, daß Gott identisch sei mit dem Ethisch-Allgemeinen. Weil er unsere menschliche Schwäche kannte, unsere Versuchbarkeit, unsere Unfähigkeit zum Guten selbst beim besten Wollen, weil er um unsere Hilflosigkeit wußte, deshalb glaubte er, daß Gott, weit mehr als die Verkörperung von Gut und Böse, der lebendige Grund der Vergebung über allem Bösen sei, eine Kraft, die uns Mut machen möchte und sollte, unser Leben anzupacken, gleichgültig, in welchen Verhältnissen und in welchen Verhängnissen es gefangen ist. Gott, wie Jesus ihn sah, ist nicht willens, uns zu „richten", sondern uns aufzurichten in der Energie der Hoffnung, in der Kraft des Vertrauens, in der Blickrichtung der Zuversicht.

Das Markusevangelium I 545 f.

SO WAR UND IST JESUS für uns der Mensch, an dem unser Leben sich ordnet, und man weiß nicht, weist es zurück in die Erinnerung eines verlorenen Paradieses oder hinaus in die Welt, die uns verheißen ist?

Daß alle eins seien 31

WIR WERDEN NUR AUFHÖREN KÖNNEN, als Kinder der Finsternis existieren zu müssen, wenn wir das Vertrauen gewinnen können, in der Armseligkeit unserer Staubgeburt einem unsichtbaren Königreich anzugehören, in dem wir vor Gott sind wie Geladene und Fürsten am Thron der Ewigkeit. Mit *diesem* Bild des Menschen wollte Jesus uns befreien von der Macht des Bösen. Des Menschen Sohn sollte Vertrauen finden in der Vision Gottes vom Menschen.

Das Markusevangelium I 44

WIE EREIGNET SICH „ERLÖSUNG"? Gehen wir ... einmal aus von der Erfahrung, wie ein Mensch einem anderen „Schuld" „fortnehmen" kann. Ein Erfahrungsraum, an dem das geschehen kann, ist idealtypisch ein therapeutisches Gespräch, ein heilsamer Dialog zwischen Ich und Du, bei dem einer der Gesprächspartner eintaucht in die Fragen, Klagen, Anklagen, Vorwürfe, Entwürfe, Übertragungen, kurz, in die unbeglichenen Rechnungen im Leben des anderen ... Je genauer man hinsieht, desto gerechter wird das Urteil, das heißt genauer gesagt: desto sicherer hebt all die „Gerechtigkeit" einer äußeren Bewertung sich auf; es gibt keine Maßstäbe mehr, die starr die Welt einteilen können nach Richtig und Falsch, nach Gut und Böse ... Alles, was war, erzählt sich unabgegolten noch einmal, so offen, wie es damals war, und die Frage stellt sich, was jetzt zu tun ist ... Je dichter ein Mensch einem anderen auf den Stadien seines Lebensweges kommt, wird dieses Gefühl einer Akzeptation im Ganzen, einer Aufhebung der Schuld, sich ausbreiten ... Das alte Bild in den Gottesknechtsliedern des *Jesaja* meint: Menschen, die so handeln, tun, was Gott will; sie sind die *Dienstboten* Gottes; – der Ausdruck „Knecht Gottes" klingt in unseren Ohren, wie aus dem Umfeld der

Sklaverei entlehnt, entwürdigend; sagen wir daher: Sie sind Gottes Lieblinge, sie sind seine wirklichen *Kinder* …

Das Johannesevangelium I 78–80

IN GEWISSEM SINNE kann man die entscheidende Tat Jesu darin erblicken, dass er in der Kraft seines persönlichen Vertrauens die Menschen einen Gott lehren wollte, der jenseits aller Angst und Zweideutigkeiten *nur gut, nur gnädig, nur zugewandt, nur vergebend, nur begleitend, nur aufrichtend, nur voller Liebe ist*. Der Gott Jesu ist selbst wie der „gute Hirt" (Lk 15,1–7), der dem einhundertsten Schaf nachgeht, das von sich selbst her niemals zur Herde zurückfinden könnte. Alles in dieser Botschaft ist gebunden an ein tiefes Vertrauen, mit dem der Mann aus Nazareth dem Gott Israels als seinem „*Vater*" gegenübertrat.

Glauben in Freiheit 227

EIN RECHTER HIRT, sagt Christus, ruft seine Schafe beim Namen; er will damit sagen, daß er auf die Lage und die Person eines jeden Einzelnen Rücksicht nimmt, und zwar so, wie sich der Einzelne selber darin ausspricht – daß es für ihn kein allgemeines Leitwort gibt, das er der Herde insgesamt aufprägt. Jeder Einzelne ist für ihn wichtig, nicht das Kollektiv. Natürlich ist die „Herde Christi" die Gemeinschaft derer, die in seinen Spuren gehen. Aber Christus meint, daß es zu dieser Gruppe seiner Jünger nur einen einzigen legitimen Zugangsweg gibt: ihn selbst; seine Art; den Stil seiner Liebe.

Was uns Zukunft gibt 132

WIE VIELE WEGE muß man mit Menschen gehen, ehe sie nach Hause finden? Einzig diese Begleitung eines jeden Menschen dorthin, wo er zu Hause ist, verstand Jesus unter seinem Hirtenamt. Es geht um eine solche Wechselseitigkeit des Vertrauens … Ein solcher Hirte kommt niemals von fern, ist niemals wesensfremd, sondern spricht in Ureigenstes.

Leben, das dem Tod entwächst 249 f.

DAS WORT „ERLÖSUNG“ … sollte man als eine Durcharbeitung all der psychischen und sozialen Prozesse verstehen, die den Menschen daran hindern, so zu sein, wie er eigentlich sein möchte und in ethischem Betracht sein sollte.

Jesus von Nazareth 521

JESUS STARB WIRKLICH „FÜR UNS“. Er nahm das therapeutische Engagement unserer Befreiung mit aller Energie und bis zur äußersten Konsequenz auf; er trug stellvertretend für uns genau *die* Auseinandersetzungen aus, die auszutragen es uns immer wieder an Mut gebricht.

Hat der Glaube Hoffnung? 33 f.

WAS ABER IST’S MIT DEM „OPFER“? … Es geschieht in der Haltung [des] Vertrauens, daß … die archaischen Bilder antiker Opfervorstellungen sich öffnen ins Freie. Gott, der Vater, opfert seinen Sohn, – das sagt … die christliche Erlösungs- und Abendmahlslehre … Hier opfert nicht ein

Mensch, die Gottheit zu versöhnen, seinen einzigen Sohn, hier opfert Gott, den Menschen zu versöhnen, sich in seinem Sohne. Das äußere Symbol ist nach wie vor das gleiche: die Frucht des Feldes, Korn, gemahlenes Getreide, Brot – das ist das Lebensmittel, das die Erdgöttin den Menschen schenkte und das diese sich durch kulturelle Arbeit selbst ermöglicht haben. Doch daraus erfolgt nunmehr ein Neues … Wenn es gelingt, die Angst vor der Endlichkeit, die Furcht vor dem Tode abzustreifen im Vertrauen auf ein ewiges Leben …, entdeckt sich, wie Gott in Wirklichkeit ist: ein gütiger Grund unserer Existenz, dem wir im letzten alles verdanken und der von uns nicht länger mehr Opfer verlangt, weil seine Gnade als unverrückbar glaubhaft uns zugesagt ist.

Grenzgänger 210 f.

Umfangen?

oder:

Vertrauen wagen

WAS DICH ZUR PERSON MACHT jenseits der Natur, jenseits der Gesellschaft, ist Gott, der dich ganz umgreift mitsamt deinen Fehlern und Schwächen.

Von Krieg zu Frieden = Kapital und Christentum III 355

EIN GEFÜHL VÖLLIGER UNBEDEUTENDHEIT, weil *Ungeliebtheit,* steht hinter dem mangelnden „Glauben" an „Gott". „Ich glaube nicht an Gott" – das bedeutet für gewöhnlich so viel wie: … „Es gibt mich, und es gibt mich doch nicht. Ich bin nur da als ein Übergang, als ein Etwas, das bald schon vergeht. Niemand hat mich gefragt, ob ich sein will, und niemand wird nach mir fragen, wenn ich nicht mehr sein werde. Da war etwas und ist doch, wie wenn es nie gewesen wäre."

Der sechste Tag 350

JE MEHR EIN MENSCH sich von Gott umgreifen läßt, desto inwendig geschlossener und einheitlicher wird er sich selbst erleben; nicht weltentrückter, sondern heimischer wird er sich auf der Erde fühlen, und alle Dinge werden, wie in Paradiesestagen, ihm von seinem Gott erzählen: die Tiere und die Bäume, die Blumen und der Wind, die Sterne und das Meer – alles wird für ihn ein Bild und Zeichen seines Gottes sein.

Tiefenpsychologie und Exegese II 128

DAS IST ES, was Jesus immer wieder mit „*Glauben*“ bezeichnet: eine Haltung, die von dem Druck entlastet, alles hinge von uns selber ab, wir seien entscheidend „gefordert“, wir seien „verantwortlich“. „*Glauben*“, – das ist ganz im Gegensatz dazu eine unsäglich befreiende Entspannung. Es kommt auf uns *nicht* an. Es geht nicht einmal um Jesus; es geht vielmehr um eine Macht, die wir nicht „haben“ und die uns doch durchfließen kann, wenn wir uns ihr nicht mit dem eigenen „Ich aber muß doch“ und „Ich aber will doch“ entgegenstellen.

Das Markusevangelium II 39

NUR IN EINER ZONE DES VERTRAUENS und der Geborgenheit, im Schatten freundschaftlich ausgebreiteter Hände, vermögen wir wieder mit uns selber, seelisch wie körperlich, zusammenzuwachsen. Bis in die letzten Zeilen des Markus-Evangeliums hinein bleibt dieses Vermächtnis Jesu bestehen: es sollte nie anders mehr von Gott die Rede sein, als daß es Menschen intensiver, angstfreier, glücklicher leben läßt, heil und gesund an Seele und Leib.

Das Markusevangelium II 737 f.

MEIN GLAUBE AN GOTT SCHÜTZT MICH davor, nichts weiter zu sein – sein zu wollen – als ein Rädchen im Getriebe einer Firma, eines Vereins, eines Verbands, eines Volks. Dieser mein Glaube an Gott ermöglicht es mir allererst, mich selber zu achten und ernst zu nehmen. Er schenkt mir den Ton und das Wort, das einzig ich selber zu singen und zu sagen vermag … Erst in der unbedingten Bejahung dieser absoluten Person entdecke ich mich selbst als ‚geschaffen', erscheint die ganze Welt mir als ein Geschenk und werde ich dankbar dafür, zu sein … Aber: wenn der Glaube an einen persönlichen Gott der Person des Einzelnen derart behilflich ist, um an sich selber glauben zu können, ist dann die Religion nicht etwas im Grunde ganz und gar Narzißtisches? …

Von den Gefahren und Belastungen des menschlichen Selbstbewußtseins haben wir schon eine Menge gehört; doch *eine* rühmenswerte Fähigkeit ist ihm wesenseigen: bei aller Neigung zu wahnhafter Selbstüberschätzung – es läßt sich nicht gern hinters Licht führen, ist es doch selbst in gewissem Sinne die einzige Lichtquelle, über die wir verfügen … Mag es auch sein, daß der medizinische Nutzen religiöser Vorstellungen bei der Bekämpfung psychosomatischer Erkrankungen sich sogar statistisch nachweisen läßt, – verabreichen als Placebos lassen sich diese Vorstellungen nicht. Man muß sie glauben als *wahr* – oder richtiger: man muß sie erfahren als *wahr* in der Beziehung zu einer anderen Person, der gegenüber sich das in den inneren Bildern mitgebrachte Vertrauen so bewahrheitet, daß es sich erweitert in den Glauben an ein absolutes Du im Hintergrund der Existenz.

Atem des Lebens II 630 f.; 632; 633 f.

ES IST KEINE WAHRHEIT über Gott zu wissen außer der Wahrheit des eigenen Herzens. Solange wir wagen, diese Wahrheit durch Vertrauen zu finden, sind wir nah bei Gott.

Wort des Heils, Wort der Heilung I 167

WER ... ERST EINMAL WEISS, wer er vor Gott ist, muss sich nicht im Minutentakt von der unendlich erweiterten Welt der Anderen sagen lassen, wer er zu sein hat.

Von Krieg zu Frieden = Kapital und Christentum III 360

WIR WERDEN VON DER MENSCHLICHKEIT GOTTES nie mehr verstehen, als was Menschen an unserer Seite uns an Vertrauen ermöglichen können. Wir werden von Gott als der ewigen Liebe keinen anderen Begriff bekommen können als von der Liebe, die andere Menschen uns schenken.

Daß alle eins seien 33

EINEM JEDEN MENSCHEN ist im Sinne Jesu die Fähigkeit anvertraut, durch sein Verstehen und seine Weitherzigkeit einen Raum zu eröffnen, in den ein anderer eintreten kann, um Zuversicht und Vertrauen in sein Leben zu gewinnen. In diesem Freiraum des Daseins wird nicht gefragt: „Was hast du getan? Was sind deine Übertretungen? Bekenne, wo du schuldig bist!“ – sondern die einzige Frage lautet: „Was hat man dir getan? Was wurde dir zugefügt? Worunter leidest du am meisten? Was geht in dir vor sich, wenn du es nicht vor dir selbst und anderen zu verschleiern suchst?

Versuch, es einfach auszusprechen, unter der unbedingten Voraussetzung, daß Gott, was immer es sei, unverbrüchlich zu dir stehen wird."

Das Markusevangelium I 234

SOLLTEN WIR IM CHRISTENTUM NICHT FÄHIG SEIN, zuzugeben, daß die Abgründe viel größer sind, als wir mit dem Netzwerk der fertigen Auskünfte zu verharmlosen suchen? Könnte es nicht sein, daß Gott eines Tages sich grad zu den Verzweifelten von der Art des Ijob viel eher bekennt als zu der Auskunftei zünftiger Berater in Sachen Gottes? ... Er, Ijob, beginnt mit einem Mal zu begreifen, daß er von der ganzen Welt so gut wie nichts versteht, und es geht ihm auf, daß, wenn auch in all den Dingen und in ihren Ordnungen nichts liegt, das nur ihn meint, dennoch das Ganze wunderbar genannt zu werden vermag ... Folgen wir dem Buche Ijob, gälte es, paradoxerweise, im Vertrauen auf die Ordnung des Ganzen wieder so etwas zu erlernen wie eine Dankbarkeit für die kurze Zeitspanne, da das Weberschiffchen seinen Faden schlägt, ohne das Muster zu kennen, zu dem es beiträgt. Es gälte, soweit es denn möglich ist, die Wärme der Sonne auf der Haut und die Kühle des Wassers und die Schöne des Mondscheins zu genießen. Es gälte ein Stück Dankbarkeit zu lernen für die Wärme der Sprache und des Atems eines Menschen an unserer Seite. Es gälte ein Stück Zufriedenheit zu üben mit dem, was unsere eigenen Hände in aller Bescheidenheit zu wirken vermochten. Es gälte den Austausch wahrer Gespräche miteinander zu pflegen. Und es wäre möglich, ein Vertrauen in ein wechselseitiges Verstehen zu üben. Könnten wir nicht aufhören, einer vor dem anderen zu stehen und zu sagen: „Ich weiß, wie das Leben ist, ich hab's gelernt, ich bin's, von dem man Weisheit erfahren kann?“ Wenn wir sagen könnten: jedes Leid, das tief ist, stellt uns selber mit in Frage, und wir hätten womöglich am Ende kein Wissen, wie es geht, aber Tränen des Mitleids, die stimmen, wir hätten keine Worte, zu trösten, aber wir wären gemeinsam im Verstehen – wär' das nicht besser als alles Reden und Rätseln? Und könnten wir so nicht eine ideologiefreie Menschlichkeit üben? Daß es der rechte Weg wäre, Gott zu finden: nicht im Wissen von etwas, aber im Begegnen und Gemeinsamsein, möglichst bedingungslos, was immer sich ereignen mag. Erst wenn wir aufhören zu zensieren, wird unser Blick offen.

Zwischen Staub und Sternen 33–35

NICHTS IN DER WELT, nichts in der Seele eines Menschen ist mit Gott identisch; doch ganz so wie das Aufblühen einer Blume nicht möglich wäre ohne Sonnenlicht, so wenig ist Selbstfindung, partnerschaftliche Beziehung, *Liebe* möglich ohne Gott; daß Gott in „Unverstelltheit“ (in seiner Gnade) Menschen glaubhaft wird, bewirkt die Botschaft Jesu; und der „Geist“, der dann in Menschen Einzug hält, verändert das gesamte Dasein. Es geschieht ganz im Inneren, doch ganz durch Vertrauen in das so ganz Andere Gottes, eben nicht in einer neuen Aufblähung des Ich. Es ist wie in jeder wirklichen Liebesbeziehung: je inniger die Einheit, desto deutlicher die Unterschiedenheit. Alles, was in der Verwandlung des Daseins, in seiner „Erlösung“ von Angst und Verzweiflung in Zuversicht und in Identität sich ereignet, verdankt sich nicht solchen Begriffen wie „Mut“ und „Entschlossenheit“ –, einzig der Erfahrung eines Umgriffenseins im Ganzen.

Wendepunkte 498

Unverzichtbar?

oder:

ein Leben vor und nach dem Tod

ES IST GERADE DAS JOHANNESEVANGELIUM, das uns zeigen will, wir könnten mit dem eigentlichen Leben nicht erst nach dem Tod beginnen, sondern es sei hier und jetzt bereits möglich, die Angst vor dem Tode, die Seelenumdüsterung der Sterblichkeit, abzustreifen.

Ich steige hinab in die Barke der Sonne 18

NICHTS, WAS WIR WIRKLICH LIEBEN, WIRD ZERSTÖRBAR SEIN. Nichts, woran wir so hängen, daß es uns ermöglicht, Menschen zu sein, wird im Tod zugrunde gehen. Unzerstörbar ist allein die Macht der Liebe, und Menschen, die wir wirklich lieben, können nicht sterben.

Das Markusevangelium II 668

INS UNENDLICHE LIEBEN zu wollen, ist die ganze Sehnsucht der Liebe selber.

Glauben in Freiheit 26

JEDER ABSCHIED IST WIE EINE EINÜBUNG DES TODES: Was wenn das Scheiden ein Verscheiden ist? Es besteht nie eine Garantie dafür, sich jemals wiederzusehen. Deshalb bleibt es auf immer wahr: Man kann sich nur lieben, wenn es eine Antwort gibt auf das Rätsel des Todes, auf den Skandal der Sterblichkeit, auf den jederzeit möglichen Schmerz einer endgültig scheinenden Trennung. Sie ist verwindbar allein, wenn der Schein der Endlichkeit in aller Liebe sich aufhebt in der Gewißheit einer unendlichen, unauflösbaren, immerwährenden Gemeinsamkeit.

Grenzgänger 418

DIE GEMEINSAMKEIT DES GLÜCKS ist die Wirklichkeit „hinter“ dem Tod als die Erfüllung und Zusammenfassung des gesamten gemeinsamen Lebens.

Grenzgänger 428

GEGEN DIE ANGST VOR DEM ABSCHIED im Tod hilft im letzten nur eine Liebe, die hofft auf ein ewiges Wiedersehen.

Grenzgänger 432

DARF MAN WENIGER WOLLEN ALS EWIGES LEBEN? Soll die Antwort sein, sich bescheiden zu lernen im bloßen Erschlaffen der Spannkraft? … Wir leben nur richtig in der Zeit in der Zuversicht ewigen Daseins.

Grenzgänger 436

DIE LIEBE, DIE UNS LEBEN LÄSST, kann selber niemals sterben – das ist die Vision und die Botschaft der Frauen am Ostermorgen; und auch umgekehrt: wir entdecken und erfahren kraft unserer eigenen Liebe den anderen als unvergänglich und unsterblich.

Das Markusevangelium II 718 f.

WONACH DIE LIEBENDEN VERLANGEN ist Gemeinsamkeit und sei's im Grab und sei's im Tod, – wenn nur gemeinsam.
Liebe Leid und Tod 639

EINE ... AUFERSTEHUNG aus dem Reich des Todes in dieses unser irdisches Leben hinein – *das* ist die eigentlich neue, die spezifisch christliche Möglichkeit, die uns, dem 4. Evangelium zufolge, Christus schenken wollte.
Ich steige hinab in die Barke der Sonne 18

„WIEDERGEBURT", „AUFERSTEHUNG", „VERWANDLUNG" – das waren in der Nähe Jesu nicht länger mehr Verheißungen für ein Leben nach dem Tode, sondern Erfahrungen, die den Tod mitten im Leben ein für alle Mal zu überwinden vermochten ... nur wer erlebt hat, daß es ohne die Person Jesu kein Leben gibt, wird fähig sein, das Grab Jesu am „Ostermorgen" *leer* zu finden.
Ich steige hinab in die Barke der Sonne 156

IM HERZEN EINES JEDEN MENSCHEN läßt sich die Unendlichkeit des Himmels, die grenzenlose Schönheit der eigenen Seele, der Lockruf zur Weite einer unbegrenzten Freiheit entdecken und vernehmen, und eben dazu wollte Jesus einen jeden Menschen auffordern. Er wollte ihm Mut machen, an den Traum seines Lebens wirklich zu glauben; er sollte nicht denken, das Heil komme irgendwie von weit außerhalb seines eigenen Lebens; vielmehr sollte er sein

Vertrauen darauf setzen, daß gerade in den kühnsten Visionen seiner selbst die wahre Gestalt seines Wesens sichtbar werde. Niemals also sollte er seine Kindheitsträume verlügen oder ihnen in Resignation abschwören. Wie sehr hat Jesus einen jeden förmlich angefleht, an sein Königtum zu glauben, den Wert seiner eigenen Person zu fühlen und die Augen aufzuschlagen für die Schönheit und die Größe, die in ihm liegt und die einen jeden Menschen, den wir näher kennenlernen, auszeichnet!

Das Markusevangelium II 399 f.

ES GILT, EINE ENTDECKUNG ZU MACHEN: Das, was wir sind, kann und wird uns niemand rauben; das, was wir *richtig* vor uns sehen, läßt sich von außen nicht zerstören; es gilt einfach in sich. Das *ewige Leben* kommt nicht, es wartet nicht bis *nach* dem Leben, es ist *jetzt*. Das ist das ganze Johannes-Evangelium: das Aufwachen jetzt, das Hinübergehen durch die Todesangst, durch die Todesschranke jetzt ... Da wird nicht auf ein Jenseits gehofft, sondern diese jenseitige Welt bricht in die uns vertrauten Zusammenhänge ein, und sie zeigt, daß Menschen auf sich selbst zurückkommen können, wie vom Himmel auf die Erde. Das ist der Sinn des alten mythischen Bildes von dem *Menschensohn*, der vom Himmel zu uns gesandt wird; – es geht um die Frage, wie wir selbst uns verstehen: als bloße Kreaturen dieses unseres Planeten – dann hat der Tod das letzte Wort über uns, oder ob wir unser irdisches Leben aufzunehmen versuchen wie vom Himmel her gesprochen, als etwas Absolutes, Gültiges, Wahres. So ist Jesus, dieser wie von fremd in die Totenkammer unseres Lebens Gesandte.

Das Johannesevangelium II 26 f.

IN DER LIEBE WIRD DER ANDERE ZU EINEM FENSTER, das die Welt hell macht und durchsichtig auf Gott hin, und umgekehrt wird seine Zuneigung zu einem Weg und einer Brücke, die von dieser Welt hinüberreichen in die Ewigkeit. Für den Menschheitsglauben an die Unsterblichkeit des Einzelnen gibt es keine wichtigere Stütze als das Argument der Freundschaft und der Liebe – besteht die Liebe doch in nichts anderem als darin, die ganze Welt in ein magisch-poetisches Symbol zu vergeistigen, das an jedem Ort die Nähe des anderen symbolisch bezeichnet und in einer ewig zeitlosen Gegenwart heraufbeschwört.

Was uns Zukunft gibt 192

ES IST DER ANSPRUCH DER LIEBE, daß der Mensch, dessen Wesen und Wert man als unvergleichlich und einmalig entdeckt und in dem das ganze Glück der Welt wie in einem Brennpunkt sich sammelt, auf immer lebe und sein Tod nur ein vorübergehender Abschied sei. Die Liebe, wenn sie groß genug ist, hat die Macht eines metaphysischen Beweises … In der Tat so „unweise", so „jung", so „romantisch" und absolut ist das Verlangen der Liebe, daß sie unbedingt an das ewige Leben glauben muß, um den Glauben an sich selbst nicht zu verlieren … Alles hängt mithin davon ab, die Liebe und die Freundschaft selbst mit ihren Hoffnungen und Wünschen für einen Beweis der Wahrheit zu nehmen: das Leben des Geliebten ist unsterblich, und: wir werden uns wiedersehen.

Das Eigentliche ist unsichtbar 54 f.; 58

DAS IST, WORUM DIE LIEBE BETET, worauf sie hofft und was sie weiß. Schon auf Erden ist sie imstande, die Zeit wie aufgehoben erscheinen zu lassen in einem ständigen Pendelschlag zwischen Hoffnung und Erfüllung, zwischen Warten und Ankunft, zwischen Sehnsucht und Reifung. Der Tod ist nur ein letztes Ausschwingen des Pendels, ein letztes Mal des Anhaltens von Warten und Sehnsucht. Der nächste Schritt ist das Eintreten in die Erfüllung, das Glück, die Vollendung und die Ewigkeit.

Daß alle eins seien 15

EIN JEDER STEHT VOR DER „WETTE" BLAISE PASCALS, ob er sein Leben in die Endlichkeit einschnüren oder in den Atemwind der Unendlichkeit stellen will, und je nachdem wird sein Leben von einer letzten Aussichtslosigkeit geprägt sein oder von einer absoluten Zuversicht getragen werden. Alles kommt mithin darauf an, geistig und existentiell den Bildern der Psyche recht zu geben, die von dem Verlangen nach Unsterblichkeit Zeugnis ablegen.

Tiefenpsychologie und Exegese II 508

NICHTS VERBINDET MENSCHEN STÄRKER als ihr Heimweh nach der Ewigkeit und das Gespür, daß das, was wir die Welt nennen, niemals uns sättigt, niemals uns erfüllt, niemals unser Zuhause wird. Inmitten dieser Sehnsucht sind wir verwandt, inmitten dieser Zuversicht Geschwister, inmitten dieser Hoffnung zu Gott Berufene.

Daß alle eins seien 30

DIE KÖRPERLICHE EXISTENZ ist nur die erste Form, Geist zu ermöglichen; sie ist der Anfang der Ewigkeit, der Beginn der Unendlichkeit, eine Hülle, die eines Tages ihren Wert verliert, wie der Kokon für eine Raupe, die zum Schmetterling geworden ist. Und wenn auch in der Ewigkeit der Unterschied zwischen der Seele einer Frau und der Seele eines Mannes wohl nicht gänzlich aufhören wird, so könnten und sollten wir doch heute schon damit aufhören, unter dem Firmenschild der Liebe einander mit Besitzansprüchen zu drangsalieren und einander durch die Tyrannei der Angst zu vergewaltigen. Die einzige Frage, die sich uns *wesentlich* stellt, besteht darin, wie wir es vermögen, würdig dem Himmel entgegenzureifen.

Das Markusevangelium II 282 f.

ES GEHT NICHT DARUM, Auferstehung zu leugnen, es geht darum, die Erfahrungen zu beschreiben, durch die wir zu einem solchen Vertrauen finden … Dies, daß man aufersteht ins Leben, ist das erste, was man an der Seite Jesu erfahren haben muß, oder man wird auch seinen Tod später nicht als Befreiung erleben, schon gar nicht sein Grab leer sehen können. Das sind Erfahrungen, die wir im Inneren machen müssen.

Wort des Heils, Wort der Heilung III 117 f.

DIE FRÜHESTE FORM, in der die Christen Auferstehung erlebten und bezeugten, dürfte in dem Evangelium vom Gang der Jünger nach Emmaus enthalten sein. Das furchtbare Leid der zerstörten Hoffnungen begleitet sie. Aber während sie miteinander reden, was man eigentlich zerschlagen und gekreuzigt hat in der Person Jesus, begleitet sie innerlich der Herr, und aus einem Dialog der Verzweiflung formt sich Schritt für Schritt ein Gespräch des tieferen Verstehens … Ist das Grab also leer? Gewiß, wenn man's symbolisch nimmt. Jede Verzweiflung ist wie ein Grab, und dies ist so wörtlich wie nur irgend zu verstehen. Jede Traurigkeit ist wie ein Raum der fortschreitenden Verwesung an sich selber. Diese Art des begrabenen Lebens zur Lebenszeit öffnet sich in der Vision eines unendlichen Glücks. In Jerusalem braucht man den Lebenden nicht mehr bei den Toten zu suchen. Er begleitet uns und spricht mit uns und bricht mit uns das Brot. Er, der die Liebe ist, hört niemals auf, an uns zu glauben. Und weil dies für uns das Leben bedeutet und erwirkt, werden auch wir nie aufhören, an ihn zu glauben und einander liebzuhaben.

Leben, das dem Tod entwächst 201–203

DAS IM GRUNDE IST ES, was man *Himmel* nennt: ein langsames Wissen und Werden, was wir selber sind.

Ein Mensch braucht mehr als nur Moral 278

WIR WERDEN EINANDER WIEDERBEGEGNEN, – das ist die Sehnsucht der Liebe, doch alles Reifen aufeinander zu erweitert zugleich den Horizont des Verstehens für alle.

Von Krieg zu Frieden = Kapital und Christentum III 526

WENN ES WIRKLICH STIMMT, daß die Liebe als einzige bleibt (1 Kor 13,13), wie sollte dann der *Himmel nicht* in der sich ins Unendliche ausdehnenden *Einheit* mit allem, was ist, bestehen?

Im Anfang 721

DAS EVANGELIUM VOM OSTERMORGEN beschreibt beim Gang der Frauen zum Grab Auferstehung als die Fähigkeit, Grabmäler geöffnet zu sehen und an der Stelle des Todes das Leben. Es ist eine Erfahrung, die so alt ist und so tief verwurzelt in uns Menschen, daß vermutlich unser eigenes Bewußtsein, unsere Menschlichkeit selbst nie vermocht hätte, zu reifen und sich selber zu vollziehen, ohne daß wir gleichzeitig mit ihr das Vermögen entwickelt hätten, die Welt auch anders zu sehen als nur mit den irdischen Augen.

Was uns Zukunft gibt 223

AUFERSTEHUNG IST DIE HOFFNUNG, die Jesus lehrte, im Vertrauen auf Gott den Tod als Daseinsmacht menschlicher Angst zu besiegen, so daß denjenigen, die an die Wahrheit seines Lebens und seiner Person zu glauben beginnen, das eigene Leben und die eigene Person als etwas Unzerstörbares zurückgeschenkt wird; solche vermögen es, Gräber „leer" zu sehen und in den Höhlen der Verwesung einen „Jüngling" in „Weiß" wahrzunehmen.

Das Markusevangelium II 700

STERBEN BEDEUTET, unter die Augen der Kraft und der Güte zu treten, die gewollt hat, daß wir sind. Und es wäre möglich, wir erführen unter den Augen Gottes das eigentliche Thema unseres Daseins noch einmal vollkommen, wir könnten begreifen, wozu wir bestimmt waren, wir würden deutlich fühlen, worin wir gefehlt haben, aber wir würden angesichts Gottes am meisten leiden wegen der Augenblicke, in denen wir zu kurz geraten waren aus Angst. Wieviel Dummheiten haben wir machen zu müssen geglaubt, um uns zu schützen, zu verteidigen, um hochzukommen. Und das alles war nicht nötig, weil es Menschen wehgetan hat.

Wort des Heils, Wort der Heilung III 134 f.

DAS NÄMLICH IST DIE EIGENTLICHE BOTSCHAFT der Bilder vom Großen Weltgericht: daß wir in allem untrennbar zusammengehören. Da gibt es kein Reich der für immer Toten und daneben ein Reich der heute noch Lebenden, kein Reich der für immer Geretteten und daneben ein Reich der für immer Verdammten, es gibt nur ein einziges Reich der Liebe, in dem wir auf immer unter den Augen Gottes gemeinsam sind.

Hat der Glaube Hoffnung? 324

IN EWIGKEIT KÖNNEN WIR WÜNSCHEN und hoffen, aufeinander zu zureifen und immer tiefer uns zu verwurzeln in dem gemeinsamen Grund der Liebe, die wir Gott nennen. Denn Langeweile schließt die Liebe aus, Müdigkeit und Herzensschwäche verträgt sich nicht mit ihrer Begeisterung, und der nie erlahmende Schwung des Glücks wird uns verbinden mit uns selber, miteinander und darin als sein Volk in Ewigkeit mit Gott.

Was uns Zukunft gibt 218

EBEN WEIL DIESE ERDE *niemals* einen Raum endgültiger Geborgenheit und Zugehörigkeit zu bieten vermag, ist die Vorstellung vom *Himmel* buchstäblich „notwendig“, deutet sie doch sogar das Sterben als ein *Verlassen* der Welt beziehungsweise als ein *Hinübergehen* in die Wirklichkeit Gottes. Nur wenn es eine solche *transzendente* Wirklichkeit gibt, kann der Tod selber als ein transzendierender Akt verstanden werden; anderenfalls ist das Sterben nichts weiter als der Abschluß des irdischen Lebens und damit für das Individuum, das in den Tod gegeben wird, das endgültige Ende seines Lebens überhaupt.

Im Anfang 688

DIE ANGST VOR DEM TODE trieb Sisyphos in den Kreislauf einer stets überanstrengten Vergeblichkeit; doch könnte es nicht auch sein, daß man lernt, in der Zuneigung eines anderen Menschen auszuruhen und ruhig zu werden im eigenen Inneren? Der Drang, die Getriebenheit, jenes amerikanische Standard-Motto: „Du schaffst es" fiele dahin, und man gewönne die Chance, inne zu halten und sich zu fragen: Wozu? Und: Was will ich wirklich? Und: Wer bin ich eigentlich?

Es war ein Irrtum des Orpheus zu denken, es gebe allein dieses Leben und alles komme nur darauf an, es um jeden Preis zu verlängern; die Erfüllung des Orpheus, die Stille, die einzieht in das Haus des Todes und ins Herz der Verdammten, liegt in dem Lied einer Liebe, welche sich weigert, den Tod als das letzte Wort über unser Dasein zu glauben. Zwar markiert das Kap Tainaron geographisch das Ende der Peloponnes, doch ein Ende unseres Lebens markiert der Tod nicht; er ist nur der Hafen, von dem aus die Seelen ablegen zur Ausfahrt aufs Meer der Unendlichkeit – dann ohne Rückkehr, weil auf ewig gemeinsam.

Grenzgänger 169; 171

Engagiert?

oder:

miteinander unterwegs

MENSCHLICH IST EINE KULTUR einzig dann, wenn sie nicht die Machtausdehnung der Starken zur Grundlage des Zusammenlebens erhebt, sondern die Hilfe der Schwachen zum Ausgangspunkt nimmt.

Von Krieg zu Frieden = Kapital und Christentum III 534

MENSCHLICH ZU LEBEN heißt für Jesus von Gott her diese so fragwürdige und begrenzte irdische Welt nicht zu verachten, sondern sie von Gott her aufs Neue anzunehmen, also die wenigen Jahrzehnte unseres Erdenlebens nicht als überflüssigen Ballast abzuschütteln, sondern sie als Geschenk und Auftrag Gottes zu verstehen.

Das Markusevangelium I 258

EINZIG IM UMKREIS von Erfahrungen gelebter Menschlichkeit entdeckt sich ein möglicher Sinn unseres Daseins.

Im Anfang 1176

DIE KIRCHE HAT ÜBERHAUPT NICHT DIE PFLICHT, die bürgerliche Gesellschaft zu ordnen. Sie hat etwas viel Wichtigeres zu tun: Gott in der Seele der Menschen zum Sprechen zu bringen.

Die Zehn Gebote 12

ES GIBT DIE HOFFNUNG und die Zuversicht nicht einfach privat. Wer weiß, wie sich das Leben ändert, wenn es aus der Verzweiflung zum Licht erwacht, der weiß, daß dies nicht nur für ihn, sondern für alle Menschen gilt. Also haben wir in dieser Überzeugung der Welt etwas zu sagen und ihr mitzuteilen bis zum Ende der Tage. Überall an unserer Seite gilt es menschliches Leben zu retten aus der Macht des Todes und der Umdüsterung der Traurigkeit … Wir haben, einer dem anderen, kraft der Liebe und der Zuversicht ein ganzes Leben zu schenken, indem wir die Grabkammern des Todes öffnen, indem wir die Dunkelheit der Nacht aufreißen, indem wir das Gefängnis des Irdischen öffnen in die Freiheit der Kinder Gottes.

Daß alle eins seien 21

EINE GESELLSCHAFT DER VOLLKOMMENEN GLEICHHEIT aller, wie sie vielleicht in Stammeskulturen, nicht aber in hochentwickelten industrialisierten Gesellschaften möglich ist; eine Gemeinschaft, in welcher die Mitglieder glücklich zusammen leben, kann nur eine offene Gesellschaft sein, in der … ein jeder zwanglos seinen Beitrag leistet entsprechend seinen Fähigkeiten und in dankbarem Respekt vor den Dienstleistungen anderer. Nicht die Unterschiede unter den Menschen gehören beseitigt, wohl aber gilt es, den Neid zu überwinden, den diese Unterschiede hervorrufen; sobald der eine sich vergleicht mit dem anderen, statt zu leben, was er selber ist, erschallt die … Forderung nach Austauschbarkeit und Gleichheit, und sie führt über kurz oder lange dahin, daß ein jeder sich selber fremd wird. Wo niemand sein darf, wer er ist, erstirbt am Ende das Leben aller.

Wer bin ich? 154 f.

DIE GRUNDLAGE EINER ETHIK … kann nur ein Ausdruck *universellen Mitgefühls* sein als Folge einer uneingeschränkten Bereitschaft, *von der Not* des anderen her die *notwendigen* Schritte zu überlegen, die ihm helfen könnten.

Jesus von Nazareth 524

SICH FÜR DAS LEBEN und die Lebensmöglichkeit eines jeden Einzelnen einzusetzen ist christlich.

Das Markusevangelium II 651

DIE KERNFRAGE DES CHRISTENTUMS lautet, wie ein Mensch allererst in den Stand versetzt wird, das Gute, das er kennt und tun möchte, auch wirklich zu tun.

Ein Mensch braucht mehr als nur Moral 7

GLÜCKLICH DIE MENSCHEN, die um ihre Armut wissen; denn nur sie werden fähig zum Erbarmen sein." (Mt 5,3.7) „Glücklich die Wehrlosen; denn nur sie werden fähig zum Frieden sein." (Mt 5,5.9) … Diejenigen, die irgendwie wissen, was seelisch und sozial Not und Elend bedeuten, werden die Botschaft Jesu ergreifen wie Ertrinkende die

Planken eines im Sturm gekenterten Schiffes; sie wissen, daß sie anders gar niemals zu leben vermöchten.

Hat der Glaube Hoffnung? 24 f.

DIE RELIGION DER ZUKUNFT steht, so gesehen, in der Pflicht, die Menschen von morgen eine Haltung zu lehren, in der sie mit absolutem Respekt eine Reihe von Zonen der Welt vor jedem menschlichen „Zugriff" bewahren können …; sie läuft darauf hinaus, alles, was in der Natur noch *nicht* zerstört ist, in alle Zukunft vor seiner Zerstörung durch den Menschen zu schützen.

Hat der Glaube Hoffnung? 242

DER „TRAUM" VON EINEM „REICH GOTTES" auf Erden ist identisch mit der Sozialpsychologie einer *offenen* Gruppe, die sich erst „schließt", wenn sie alle miteinschließt, einer Gruppe, die ihren „Vorteil", ihre „Freude" und ihre „Aufgabe" darin sieht, keinen „Feind" draußen mehr anzuerkennen.

Jesus von Nazareth 366

TANTALOS, WENN WIR NICHT ACHTHABEN, könnte den Grundkonflikt konfigurieren, in den, sehenden Auges, unser 21. Jh. hineinstürzt, erscheint doch die Ausgangslage und ihre Bedingung auf frappierende Weise als tantaloid. Jeder, der unsere geschichtliche Lage, unseren Wohlstand betrachtet, muß, neidvoll beinahe, zugeben: Wir sitzen, wie

Tantalos, göttergleich an der Tafel der Götter, und diese gewähren uns scheinbar bereitwillig alles, was wir begehren. – Zum Beweis: Es hat noch nie eine Zeit in der menschlichen Geschichte gegeben, in welcher für die Masse der Menschen Konsumgüter in so unvorstellbaren Mengen zur Verfügung bereitstanden … Wenn es eine Gottheit gibt, an die wir wirklich glauben und zu deren Tafel wir uns drängen, so ist's, wie in den Tagen der Phöniker, Baal, der Gott der Fruchtbarkeit. In unserer Sprache: Wachstum … Aus der Ökologie ist die Ökonomie geworden mit durchgreifenden Folgen: Wieviel etwas Wert hat in der Natur, gleich, ob Wasser und Wald, Feld und Weide, Boden und Bodenschätze, ermißt sich allein an dem Preis, den man im Fall des Verkaufes des jeweiligen Objekts erzielt, und der wiederum bestimmt sich wesentlich durch die künftigen Gewinnerwartungen des neuen Besitzers. Ein solches Leben hat keinen anderen Zweck zu verfolgen, als dem Stoffwechsel zu dienen: zu essen, zu arbeiten, ein bißchen zu genießen und irgendwann als unbrauchbar sich selbst im Tod zurückzunehmen. In einer Welt, in welcher Geld der Wertmaßstab aller Dinge ist, haben auch Menschen nur in verdinglichter Form noch einen Wert. Nicht was sie sind, – was man mit ihnen machen kann, entscheidet, ob und inwieweit sie noch berechtigt sind zu sein. Das Opfer ihrer eigenen Person an den abstrakten Götzen Geld ist die Bedingung dafür, akzeptiert zu sein … Daß das Leben selber zur Ware wird, beraubt die Menschen ihrer Individualität, betrügt sie um ihre Lebenswirklichkeit und preßt ihnen den Stempel von Seriennummern auf Stirn, Brust und Rücken. Nicht nur die Produkte, auch die sie herstellenden und verbrauchenden Menschen werden serielle Massenerzeugnisse, die in all ihrer Sorge um ihr alterndes, verrinnendes Leben keinen Lebensinhalt mehr kennen, für den es sich lohnen würde, zu leben. Was vor rund 90 Jahren Joseph Roth in Wien und Paris wahrnahm, die Amerikanisierung der Welt als „alternativlose" Durchsetzung der kapitalistischen Wirtschaftsform, erscheint rückblickend als eine prophetische Warnung, deren Erfüllung in unseren Tagen in vollem Gange ist.

Erfordert ist zur Aufrechterhaltung dieses Systems vor allem die Darbringung der eigenen Kinder, um die Anwesenheit an der Tafel der Götter zu rechtfertigen. – Nicht früh genug kann den Heranwachsenden beigebracht werden, daß das Leben kein „Spiel" ist, sondern der „Ernstfall", das heißt, sie müssen sich anstrengen, aufpassen, fleißig sein, lernen – und aufhören, Kinder zu sein. Kinder möchten spielen, – zweckfrei, aus Freude, voll Phantasie, neugierig auf so vieles noch Unbekanntes, nachahmend, was sie gesehen, nachdenkend, was sie erfahren, nachbildend, was sie beeindruckt.

Grenzgänger 200–205

GELD ... IST TOT und *macht* tot. Es schenkt niemals ein Gefühl der Beruhigung, verspricht etwas, das es nicht halten kann: eine virtuelle Unsterblichkeit. Darum verlangt es ins Unersättliche nach immer mehr. Geld ist ein Suchtmittel, ein Surrogat, eine Droge, ein Fetisch – nichts Wirkliches! … Erst wenn dieser *nicht*-moralische, sondern ganz und gar „existentiell"-religiöse Ansatz in der Einstellung

Jesu zu Geldvermögen und Eigentum deutlich ist, ergibt sich ein *Nebenaspekt*, der zwar sehr wichtig, aber nicht *unmittelbar* intendiert ist: wer frei ist vom Geld, der kann es verwenden, um anderen damit zu *helfen*, – ein Gedanke, den besonders Lukas in seinem Evangelium hervorgehoben hat.

Jesus von Nazareth 447; 451

WAS ABER WÄRE – bis in unsere Zeiten hinein – ein vollkommenes Glück schon anderes als – unendlicher Reichtum! Wenn man „eine goldene Nase" hat, also instinktiv weiß, wie, wo und wann an Geld zu gelangen ist, oder wenn man, noch besser, „ein goldenes Händchen" besitzt, so daß alles, was man anfaßt, in pures Gold sich verwandelt, hat man vermeintlich jene Kunst zur Meisterschaft weiterentwickelt, auf die es als einzige im Leben tatsächlich ankommt. Wer unbegrenzt Geld zu machen versteht, steht selbst in dem Ruf, ein „gemachter Mann" zu sein. Alles kann er sich leisten, denn, was wäre nicht käuflich auf Erden? Arbeitskräfte, Dienstleistungen, Genüsse allerart, gewisse Gefälligkeiten in Politik und Gesellschaft, – alles nur Wünschenswerte, wenn man nur Geld hat, kann man sich mühelos zueignen. Kein Versprechen in allen wirtschaftlichen Aktivitäten scheint deshalb attraktiver als diese Verheißung unendlichen Glücks in den Händen dessen, dem alles in Gold sich verwandelt, wenn er's nur anfaßt … Kann man die Sucht nach Geld und Genuß, das Gefühl eines endlosen Hungers und Durstes nach einem Leben, das man selbst sich versperrt mit dem Glücksfetisch endlosen „Habens", je heilen? Ist die Grundhaltung einer ganzen Gesellschaft zu korrigieren und zu kurieren, die in nichts anderem besteht, als die Umwandlung aller Welt in zählbare, zahlbare Münze für den obersten Maßstab und Wert aller Dinge zu halten? Die Schönheit eines Waldes – sie zählt nichts, außer man kauft das betreffende Areal und nutzt es zugunsten der Forstwirtschaft. Die Majestät eines Flusses – sie bedeutet nichts, außer man nutzt sie zur Wasserwirtschaft, zur Elektrizitätsgewinnung, für die Tourismusindustrie oder als Verkehrsweg für die Schifffahrt. Wie kann man Einhalt gebieten der Maßlosigkeit der Geldberauschten, der Goldsüchtigen, außer man überliefert sie selbst der Erfahrung daß man Geld und Gold nicht essen kann? ... Von der Sucht nach Gold und Geld kann ein Mensch nur geheilt werden, wenn er seine Natürlichkeit zurückgewinnt, wenn er dem Strom des Lebens gegen die Strömung bis zur Quelle hin folgt und sich buchstäblich „den Kopf waschen" läßt in dem reinigenden Wasser, das frei dahin fließt – unbezahlt und unbezahlbar.

Grenzgänger 312–314

EIN HAUPTTHEMA (UN)MENSCHLICHER VERHALTENSWEISEN im Kapitalismus ist die Gier. Sie ist eben jene subjektive Haltung, die das Wirtschaftssystem objektiv fordert. Ein nur durch Wachstum sich erhaltendes Wirtschaftssystem wie der Kapitalismus kann Bestand haben allein durch die Schaffung immer neuer künstlicher Bedürfnisse auf Seiten der Konsumenten. Auch hier herrscht ein ausgesprochenes Suchtverhalten: Glück gilt als identisch mit Haben; ein innerer Zustand der Zufriedenheit wird damit veräußerlicht zu einem Sog permanenter Unzufriedenheit; und stets geht es dabei auch um Sozialprestige und Machtzuwachs im Ansehen anderer. Als Produzent ist man so viel, wie man leistet, als Konsument so viel, wie man sich leisten kann. Nur durch eine … religiöse Umorientierung ist der Kapitalismus von innen her zu überwinden.

Von Krieg zu Frieden = Kapital und Christentum III 360

IN EINER WEITGEHEND VON WIRTSCHAFTSINTERESSEN geprägten Lebensweise sind wir soeben dabei, zielgrade die gesamte Wirklichkeit gewissen Gewinnvorteilen zu unterwerfen. Im Umgang mit Tieren zum Beispiel sind uns ihre Bedürfnisse, ihr Verhalten, ihre Anatomie, ihre Neurologie noch niemals so gut bekannt gewesen wie heute, doch all dieses Wissen nutzen wir konsequent nicht zu ihrem Schutz und zu ihrer Schonung, sondern im Gegenteil zu ihrer Ausbeutung und zu ihrer Ausnutzung, und dies so roh und gefühllos, als hätten wir es nicht mit empfindungsfähigen Wesen, sondern mit rein mechanischen Objekten zu tun, deren körpereigene Erzeugnisse und deren Körper selber wir restlos in die Nahrungsmittelproduktion „einspeisen" dürften; selbst die Schmerzbezeigungen der Tiere betrachten wir behavioristisch objektiv als Abfolge bestimmter Verhaltensreaktionen, – das Wort „Gefühl" schon wäre zu subjektiv! Und wie die Tiere, so die Menschen. Sie spielen als Subjekte keine Rolle, sobald es darum geht, Arbeitnehmer möglichst billig, das heißt: unternehmensgünstig, einzustellen oder den Betrieb zu „verschlanken", also: Arbeitskräfte wegzurationalisieren … Und man muß zugeben: Eine gewisse Form von „Rationalität“ verrät dieses Denken in der Tat, nur daß es alles das zerstört, was man mit Menschlichkeit, Gemüt und Glück verbindet. Eine vereinseitigte, absolut gesetzte Intellektualität … ist in sich selber desaströs.

Grenzgänger 324 f.

WÄHREND DIE MORAL DES KÖNNENS und des Habens die Menschen voneinander trennt, *vereinigt* die Haltung Jesu alle Menschen in der Entdeckung und in dem ehrlichen Eingeständnis der gleichen Armut und Armseligkeit … Gib alles, was du hast, den „Armen“, das kann nur tun, wer sich mit allem, was er „hat“, in allen Nichthabenden wiedererkennt. Hier ist nicht etwas zu „leisten“, hier ist etwas zu erleben, das man erfährt – oder auch nicht!

Jesus von Nazareth 454

WENN ES ÜBERHAUPT EINEN VERNÜNFTIGEN UMGANG mit dem „ungerechten“ Mammon (Lk 16, 9) gibt, dann nur, indem man ihm seine Verheißungen *nicht* glaubt. Geld macht nicht glücklich, und es beruhigt auch nicht, solange man es für sich festhält, um damit Ruhe und Glück einzukaufen. Doch es gibt eine Möglichkeit, mit Hilfe von Geld glücklich und ruhig zu werden, das ist: andere Menschen glücklich zu machen, ihnen in der Not zu helfen und sie zu Freunden zu gewinnen … „Und vergib uns unsere Schuld, wie wir hiermit entschulden unsere Schuldner“ (Mt 6,12), das ist die Erlösung auch vom Götzen Geld.

Jesus von Nazareth 456; 502

WIR ERINNERN UNS IM CHRISTENTUM NICHT GERNE DARAN, aber wir sollten es, damit wir imstande sind, das, was in uns auch lebt – die grausige Freude am Töten, das Ausagieren der Aggression –, ein Stück weit erlebbar zu machen, um es dann einer wirklichen Klärung oder Heilung zuzuführen. Ich glaube, daß die Eucharistie dasjenige Sakrament sein könnte, in dem wir selber sublimieren könnten, was zerstörerisch und sadistisch in uns liegt, vor allem aber, in dem wir erfahren könnten, daß wir voraussetzungslos geliebt sind … Und man könnte lernen, was die frühen Jägerkulturen immer mit Mahl und Jagd verbunden haben, nämlich miteinander zu teilen. Das Mahl ist ein Archetyp, so universell wie der Hunger. Gesetzt, man könnte menschheitlich einen solchen Typ kollektiv erfahrbar machen, dann wären wir in der Tat dem Frieden näher.

Wort des Heils, Wort der Heilung III 14 f.

SO WIE GOTT FAST ZÄRTLICH jedes Detail der Welt aus seinem Mund mehr noch als durch seine Hände ins Dasein ruft, so sollte der Mensch umgehen als Hüter der Welt. Es gibt eine Schicht der Überlieferung, die ahnte, dass das allein nicht genügen könnte. „Gott schuf den Menschen nach seinem Ebenbild“ wird da ergänzt durch einen holprig gewordenen Satz, der aber sehr wichtig ist, eingeschoben offenbar: „als Mann und Frau erschuf er sie", und jetzt noch mal: „als sein Abbild erschuf er sie" – wie um zu sagen: die Macht ist nicht die wahre Form, in der Gott selbst sich spiegelt, vielmehr dass ein Mensch verwiesen ist auf den anderen. Die Zärtlichkeit zwischen Mann und Frau, das ist die Art, in menschlicher Liebe die Urkraft der Schöpfung selber zu spüren und lebendig zu halten. Mächtig, anders ausgedrückt, ist auch Gott nur durch seine Liebe. Und wenn ihr, müsste man paraphrasieren, herrschen wollt über die Welt, dann nur, bitteschön, indem ihr sie so lieb habt wie Gott.

Ich lasse Dich nicht, Du segnest mich denn 22 f.

ES GILT, AN MITLEID UND AN GÜTE absolut zu glauben gegen alle Welt und darin Gott jenseits der Welt zu finden; von ihm her dann ist der Protest zu richten gegen alles Mitleidlose, Machtbesessene, Unmenschliche, in Wirklichkeit Ungöttliche inmitten dieser Welt … Die Menschlichkeit ist Teil der Religion – ihr wesentlicher Inhalt, ihr Wahrheitskriterium, ihr eigentliches Gütesiegel.

Grenzgänger 117 f.

Quellenverzeichnis

Angegeben ist jeweils die erste Auflage.

Atem des Lebens. Die moderne Neurologie und die Frage nach Gott, Bd. 1: Das Gehirn. Grundlagen und Erkenntnisse der Hirnforschung (Glauben in Freiheit, Bd. 3: Religion und Naturwissenschaft, 4. Teil: Neurologie und Theologie). Düsseldorf 2006

Atem des Lebens. Die moderne Neurologie und die Frage nach Gott, Bd. 2: Die Seele. Zwischen Angst und Vertrauen (Glauben in Freiheit, Bd. 3: Religion und Naturwissenschaft, 4. Teil: Neurologie und Theologie). Düsseldorf 2007

Das Eigentliche ist unsichtbar. Der Kleine Prinz tiefenpsychologisch gedeutet (mit Ingritt Neuhaus). Freiburg im Breisgau 1984

Das Johannes-Evangelium. Bilder einer neuen Welt. Erster Teil: Joh. 1–10. Düsseldorf 2003

Das Markusevangelium. Bilder der Erlösung. Bd. 1: Olten 1987; Bd. 2: Olten 1988

Das Matthäusevangelium. Bilder der Erfüllung. Band 1: Olten 1992; Bd. 2: Düsseldorf 1994; Bd. 3: Düsseldorf 1995

Daß alle eins seien. Predigten zwischen Himmelfahrt und Pfingsten (hg. von Bernd Marz). Düsseldorf 1992

Daß auch der Allerniedrigste mein Bruder sei. Dostojewski – Dichter der Menschlichkeit. Düsseldorf 1998

Den eigenen Weg gehen. Predigten zu den Büchern Exodus bis Richter (hg. von Bernd Marz). Düsseldorf 1995

Der offene Himmel. Predigten zum Advent und zur Weihnacht (hg. von Bernd Marz). Düsseldorf 1990

Der sechste Tag. Die Herkunft des Menschen und die Frage nach Gott (Glauben in Freiheit Bd. 3: Religion und Naturwissenschaft, 1. Teil). Zürich/Düsseldorf 1998

Die großen Fragen oder: menschlich von Gott reden (mit Michael Albus). Ostfildern 2012

Die Zehn Gebote. Zwischen Weisung und Weisheit. Gespräche mit Richard Schneider. Düsseldorf 2006

Dogma, Angst und Symbolismus (Glauben in Freiheit oder Tiefenpsychologie und Dogmatik Bd. 1). Solothurn/Düsseldorf 1998

Geld, Gesellschaft und Gewalt. Kapital und Christentum, Bd. 3.: Von Krieg zu Frieden. Ostfildern 2017

Grenzgänger. Rebellen, Frevler und Heroen in antiken Mythen. Ostfildern 2015
Hat der Glaube Hoffnung? Von der Zukunft der Religion am Beginn des 21. Jahrhunderts. Düsseldorf/Zürich 2000
Ich lasse Dich nicht, Du segnest mich denn. Predigten zum 1. Buch Mose. (hg. von Bernd Marz). Düsseldorf 1994
Ich steige hinab in die Barke der Sonne. Meditationen zu Tod und Auferstehung. Olten 1989
Im Anfang … Die moderne Kosmologie und die Frage nach Gott. (Glauben in Freiheit, Bd. 3: Religion und Naturwissenschaft, 3. Teil: Kosmologie und Theologie.). Zürich/Düsseldorf 2002
Jesus von Nazareth. Befreiung zum Frieden, Bd. 2: Glauben in Freiheit. Zürich/Düsseldorf 1996
Jesus von Nazareth – Bild eines Menschen. Düsseldorf 2008
Leben, das dem Tod entwächst. Predigten zur Passions- und Osterzeit (hg. von Bernd Marz). Düsseldorf 1991
Liebe, Leid und Tod. Daseinsdeutung in antiken Mythen. Ostfildern 2013
Reden gegen den Krieg. Düsseldorf 2002
… und es geschah so. Die moderne Biologie und die Frage nach Gott. (Glauben in Freiheit, Bd. 3: Religion und Naturwissenschaft, 2. Teil: Biologie und Theologie). Zürich/Düsseldorf 1999
Und legte ihnen die Hände auf. Predigten über die Wunder Jesu (hg. von Bernd Marz). Düsseldorf 1991
Was uns Zukunft gibt. Vom Reichtum des Lebens. Olten/Freiburg i. Br. 1991
Wege aus dem Niemandsland oder: Wo unsere Seele ein Zuhause findet (mit Michael Albus). Ostfildern 2014
Wendepunkte oder Was eigentlich besagt das Christentum?. Ostfildern 2014
Wenn der Himmel die Erde berührt. Predigten über die Gleichnisse Jesu (hg. von Bernd Marz). Düsseldorf 1992
Wenn mir's nur gruselte. Von Angst und ihrer Bewältigung. Grimms Märchen tiefenpsychologisch gedeutet. Ostfildern 2018
Wer bin ich? Von Not und Gier. Grimms Märchen tiefenpsychologisch gedeutet. Ostfildern 2018
Wort des Heils, Wort der Heilung. Von der befreienden Kraft des Glaubens. Gespräche und Interviews (hg. von Bernd Marz). Bd. 1: Düsseldorf 1988; Bd. 2: Düsseldorf 1989; Bd. 3: Düsseldorf 1989
Zwischen Staub und Sternen. Predigten im Jahreskreis (hg. von Bernd Marz). Düsseldorf 1991

Über den Autor

Dr. Eugen Drewermann ist Theologe, Psychoanalytiker und Schriftsteller mit internationaler Reichweite; er gehört zu den bedeutsamsten theologischen Autoren unserer Zeit. Für sein friedenspolitisches Engagement wurde 2007 mit dem Erich-Fromm-Preis ausgezeichnet. 2011 erhielt er den erstmals verliehenen internationalen Albert-Schweitzer-Preis. 2019 wurde ihm der Hermann-Hesse-Preis verliehen. Der gefragte Referent nimmt immer wieder Stellung zu aktuellen gesellschaftspolitischen Fragen.

Über den Herausgeber

Heribert Körlings, M.A., Studiendirektor, war Lehrer für Deutsch und Katholische Religionslehre am Kaiser-Karls-Gymnasium in Aachen. Der Kenner der Schriften Drewermanns hält Vorträge und Gesprächsabende zum Werk Eugen Drewermanns.